文學叢刊

汪洋萍著

浮生掠影

——我眼中的世界

文史哲出版社印行

自序

這本詩文合集，是我七十五年生命歲月的寫真，分為四卷。卷一「為歷史見證」長詩六首，是陳述歷史人物的豐功偉業，美德善行，以供今人、後人效法；是呈現暴政所遺留的歷史傷痕，及當下人類社會出現和潛伏的生存危機，提醒社會大眾知所驚惕，妥為因應，轉禍為福。卷二「暢抒胸懷」有小詩和短詩三十六首，是我所見所聞所思所感的獨白，也是我一心嚮往人類和平安樂大同世界的癡情。卷三「心靈互動」有評文、書信、國事及時事建言共十篇，是執筆者的真情流露。卷四「一路走來」是我生命過程的剪影，分為：幸福的童年、苦難的少年、凶險的青年、踏實的中年、舒暢的晚年，以五個階段呈現讀者面前。

我的詩文，是表達我對人生意義與生命價值的詮釋，希望能獲得讀者共鳴，進而合奏人類生命的美好樂章！

浮生掠影　目錄

——我眼中的世界

卷二　暢抒胸懷

卷三　心靈互動

卷四　一路走來

卷一　爲歷史見證

懷念　蔣故總統經國先生

十五年來
您的音容笑貌
常在我夢中出現
您的豐功偉業
我已刻骨銘心
目睹台灣在向下沉淪
益增我的哀思與懷念

您繼承中華文化道統
順應世界潮流
要盡大忠大孝

憑大智大仁大勇
奔走了七十九年歲月
為中國歷史寫下
最光輝的一頁
為中華民國開創新機運
帶領全民步上新旅程
您的功勳勞績
舉世景仰推崇

在人生旅途上
您嘗盡人間辛酸
您歷經世間苦難
用生命寫成說不完的
感人故事
記在全國同胞的心中
流傳於世

聞者稱頌

您十四歲那年
為探求新思想
赴莫斯科中山大學取經
被史達林扣當人質
在煉獄中煎熬十二年
磨鍊成堅強反共意志

您明知贛南地瘠民窮
盜賊猖獗
煙毒泛濫
想做官的人視為畏途
您毅然去做縣長
當行政督察專員
深入民間

體察民情興利除弊
使人民安居樂業
建設成模範新贛南
留下蔣青天的美名

在往後的日子裡
為救國救民赴湯蹈火
您在所不辭
臨危受命
不避艱險
大陳撤退
您最後離開那片國土
金門八二三炮戰
您上前線激勵民心士氣
置死生於度外
只知為國家犧牲奉獻

您走遍台澎金馬每個鄉村
將崎嶇小徑踏成平坦康莊
把窮鄉僻壤踩出繁榮景象
您做開路先鋒
修建了中橫公路
您去到沒有地名的山上
與重刑犯同食共寢
圍坐長談
啓發了他們新生的希望

您做行政院長
當了總統
還經常下鄉
輕車簡從
穿著便裝

渴了喝杯涼水
餓了吃路邊攤
各行各業都是
您走訪的對象
與他們親切交談
尤其關懷孤兒與殘障

您高瞻遠矚
提十大建設計劃
曾引起反對聲浪
您說今天不做明天後悔
堅持自己的主張
完成十大建設
啓動了經濟成長
您推行政治革新

加速民主憲政的步伐
受到舉世的讚揚
卻有些人要扭曲
您的形象　對
您誣蔑與毀謗
他們已觸犯刑章
您寬恕了他們
希望他們知所悔悟
能為國家社會有所貢獻

您為國家民族鞠躬盡瘁
懷未完成統一大業遺憾
立遺囑諄諄勸勉國人
奸佞掌權忘恩負義
您的愛民仁慈更顯光芒
改朝換代倒行逆施

您的清廉英明使民懷想
您永遠活在我們心上
您光耀中華民族歷史

（寫於經國先生逝世十五週年）

謊　言

中共「國慶」前夕，葉劍英發表「和平統一方針政策」談話，提出九點建議，其中最主要的一點是：國共兩黨「對等談判」，實行所謂「第三次國共合作」。我們的大陸河山，就是在「對等談判」過程中淪陷。所謂「第三次國共合作」，第一次和第二次「國共合作」的痛苦經驗，我們並沒有忘記。葉劍英的謊言，是騙不了我們的，只會提高我們的警覺與戒備。

謊言
你所說的
全是謊言
你們可以騙騙外國佬
做些國際統戰
騙不了我們

我們受你們騙
受了幾十年
吃虧上當
什麼都被你們騙光
差點國家民族的命脈都送掉
我們的心仍在滴血
我們的牙還咬得緊緊的
我們的腦子都記下
那些血債舊賬

你們的祖先加拉罕的宣言（註一）
顯示蘇俄對中國的笑臉
我們對它寄以厚望與期待
豈知他們是以笑臉加謊言
向中國推銷共產主義

你們生來就是説謊的

李大釗的聲明（註二）
言詞懇切
情意感人
要加入國民黨
「以貢獻於國民革命事業」
我們信以為真
　待之以誠
你們卻在黨內進行分化
　　　搞派系鬥爭
藉國民黨的名作掩護
發展共黨組織
領導群眾暴動

「共赴國難宣言（註三）

表現出滿腔愛國熱忱
顯示著真誠的民族大義
正符合團結抗日的民心
但你們的作為卻是——
七分發展（發展武力、組織及佔領區）
二分應付（應付國軍）
一分抗日（其實一分也沒有）
還與日軍相呼應
時常襲擊國軍
你們就是這樣乘機坐大

毛澤東的演說（註四）
是全中國人的願望
而他幹的
是隱藏在
一百八十度後面的事情——

醜化政府　誣蔑領袖
破壞和平　擴大叛亂
還有
「政治協商」
「和平談判」
「停戰協定」
都是要捆絆我們的手腳
讓你們自由活動
　任意施為
打打談談
談談打打
都是你們戰略戰術的運用
你們禁止言論自由
大陸同胞都不敢說話

但禁不住他們腦子在想
　　　　心裡在反
你們就來個大鳴大放
「引蛇出洞」
加以扼殺

「血洗台灣」嚇不倒
「和平解放」行不通
「對台工作」無進展
就以「和平統一」來迷惑人
你們在作白日夢

你們已惡貫滿盈
你們已黔驢技窮
你們已無處逃遁
想藉紀念辛亥革命

籠絡人心
想披上「新三民主義」外衣
以挽救覆亡的命運
「人民的眼睛是雪亮的」
你們的陰謀詭計
難以得逞

趕緊走出那四條死胡同（註五）
快革面洗心
扯下那面污腥旗
拆除馬、恩、列、史、毛
那些牛鬼蛇神的形像
升起青天白日滿地紅的國旗
誠心誠意的
實行三民主義

現在是你們帶罪立功
重新做人的最後機會
若再猶豫遲疑而自誤
就後悔莫及了

註一：民國八年七月二十五日，蘇俄外長加拉罕簽署了一項對中國友好宣言，放棄在中國的一切特權及無條件交還中東鐵路。這一宣言引起了中國人民對蘇俄的好感，及一些知識分子對共產主義的狂熱。蘇俄此一宣言，是為「中共」催生，也是為它日後發展鋪路。中國人民除得到迄未終止的赤禍災難外，一無所獲。

註二：民國十三年一月二十日，中國國民黨召開第一次全國代表大會，李大釗、毛澤東等都當選中央執行委員和候補委員，李大釗代表黨內共黨分子，提出「申明書」，其中一段是這樣說的：「我等之加入本黨，是為有所貢獻於本黨，以貢獻於國民革命的事業而來的，斷乎不是為取巧討便宜，借國民黨的名義，作共產黨運動而來的。」事實證明，他們就是為取巧討便宜，借國民黨名義，作共產黨運動而來。

註三：民國二十六年九月二十二日，中共發表「共赴國難宣言」，向國民政府提出四項諾言：一、爲貫徹實行三民主義而奮鬥；二、取消推翻國民黨政權及赤化運動；三、取消蘇維埃政府，實行民權政治，以期全國政權統一；四、願改編共軍爲國民革命軍，受國民政府軍事委員會指揮，擔任抗日前線職責。事實上他們是處處與政府爲敵，擴大叛亂，使政府和國軍在政治與軍事上抗日、抗共兩面受敵。

註四：民國三十四年八月二十八日，毛澤東飛往重慶，與政府舉行會談，在離重慶返延安的前夕，發表演說，有以下的說詞：「中國今日只有一條路，就是和，和爲貴，其他一切打算都是錯的」「國共兩黨和各黨各派團結一致……在蔣主席領導下，徹底實行三民主義，一切困難都可以克服的。」事實證明，那都是他誠心騙人的謊話。

註五：中共的「四個堅持」：堅持馬列主義和毛澤東思想、無產階級專政、社會主義路線、共產黨領導。若執迷不悟，就是他們窮途末路的四條死胡同。

附記：

這首詩於民國七十年（一九八一年）國慶日定稿，刊載同年十月二十七日中央日報副刊。我寫這首詩，是為陳述歷史，為歷史作見證，當事人也都走入歷史，事過境遷。中共政權，從鄧小平先生領導改革開放以來，政治、經濟日新月異，社會安定，人民生活獲得改善，國際地位不斷提升，二十一世紀是中國人世紀不是夢。我們中華兒女，要記取歷史教訓，勿蹈歷史覆轍，團結奮鬥，為中國人開創一個富強康樂的國家，為全人類締造一個和平共存的大同世界，互助互愛的人間天堂，是我將這篇舊作呈現讀者面前的願望！

降服「幽靈」

致孫靜軒先生和被「幽靈」凌辱的大陸同胞

中央日報「晨鐘」專刊，於十月二十六日，刊出孫靜軒先生一首長詩——一個幽靈在中國大地上游蕩——編者先生在篇首提示說：「幽靈」指的不是毛澤東，就是中國共產黨的化身，或者把兩者加在一起，因爲惟有這種『幽靈』，才有邪力把大陸搞得天翻地覆。」也從編者提示中得知孫靜軒先生仍身陷大陸，中共準備對這首長詩予以嚴厲的批判，他的處境也就可想而知了。

我一遍又一遍的讀著那首長詩，也以全心全力去捕捉詩中的每一個意象；那一個個意象，勾起了我的回憶，觸發了我很多感想，也激起我對作者和被「幽靈」凌辱的大陸同胞同情、關懷與期望！乃寫此詩，藉以與作者和被奴役的大陸同胞（包含厭惡那「幽靈」的共軍共幹）作思想觀念的溝通，進而共同去消滅那個可恨的「幽靈」。

我見過那個「幽靈」
並清楚地看它裝扮變形
去獵取人們的心
把人們置於掌股上玩弄
它曾向我伸出纖細的玉手
也曾向我投遞飛吻
因為我吃了
國父孫中山先生留給我們的定心丸
又身懷先總統蔣公留給我們的照妖鏡
看它一顰一笑一舉一動
就知道它懷的是什麼心

我知道它的血統與身世
它不是土生土長厲鬼借屍還魂
它是北極熊陰魂的化身
它自知在中國土地上難以生長發育

就鑽進龍的體內做寄生蟲
它吸了龍的血液
吃了龍的筋骨
僞裝龍的形象
去迷惑人
它的親生父母
它的兄弟姐妹
它的徒子徒孫
把人類世界搞得雞犬不寧
在我們這塊樂土上
也常看到它飄忽的蹤影

它最會利用人們的弱點——
它會和顏悅色地送塊糖甜甜你的嘴
也會恭恭敬敬地奉承討你歡心
有時將名與利雙手送上使你喜不自勝

它最懂得人們的心理——
它會演奏最熱情的音樂
使你情不自禁隨之起舞
它會唱最動聽的歌曲
把你引進迷魂陣
它把一切圈套都裝設好
讓你自投羅網，跌落陷阱
然後它變換一個形象
讓你看看它面目猙獰——
它分析你的成分
再加上你的罪名
要你自我坦白，自我批評
再叫你自請最嚴厲的處分
它將你從輕發落，就成為你的恩人

它最大的本領

就是善於運用「人民」這個幌子
三十一年前它宣佈說——
中國人民站起來了
國家叫「人民」的中國
軍隊叫「人民」的軍隊
銀行叫「人民」的銀行
報紙叫「人民」的報紙
一切由「人民」當家作主
它的一言一行都代表人民
你不聽它擺布就是「人民」的敵人
它要你的命，定你的罪是「人民」的意思
它騎在人民的頭上代表著人民

我見過那個「幽靈」
它時而變成披頭散髮的惡鬼懾你魂魄
時而扮成威靈顯赫的天神掌握你的命運

時而扮成美艷絕倫的狐狸精和你親近
在不同的場合它以不同的形象跟隨著你
你只能跟它的指揮棒旋轉難以脫身
它也以同樣的手法混跡國際社會
曾挑起韓戰、越戰
它將人民的脂膏豢養鷹犬
想塑造第三世界與美蘇抗衡
雖曾得意一時
終於露出狐狸尾巴無人相信
它也以同樣的手法威脅、利誘我們
因為我們吃了國父孫中山先生留下的定心丸
懷著先總統蔣公留下的照妖鏡
看它一顰一笑一舉一動
就知道它懷的是什麼心
我們不只是消極抗拒
而且在急極部署將它降服

還要將它一鼓成擒

我見過那個「幽靈」
它只是個毫無實質的「幽靈」
它所以如此兇狠惡毒
是因為它依附在你們的身體
有你們替它賣命
如果你們也像我們一樣——
吃了國父孫中山先生留下的定心丸
懷著先總統蔣公留下的照妖鏡
不讓它依附在身
它就立刻消失於無形
它沒有什麼值得可怕
可怕的是你們服服貼貼的受它愚弄
你們愈是在它面前呻吟哀號

它就愈顯得威風
你們若是向它發出怒吼
它就會全身痙攣眼花頭暈
李一哲、魏京生、傅月華的吶喊
已使它睡不安枕
那個游蕩在中國大地上的「幽靈」
其實是游蕩在你們腦中一念、胸中方寸
你們不是說：「我們的大腦畢竟還有思想」
為什麼想不通？
你們已不只是「舉手和鼓掌」
還會發出一些疑問
可知你們已從麻醉中漸漸清醒
這是我們期待已久的時刻

我告訴你們一個好消息——
那定心丸

那照妖鏡
已有人暗中贈送
快去尋找，快去打聽
也許你們回想過去就有些疑慮
請你們放心
我們不僅善待一般老百姓
對反正過來的共軍共幹
也既往不究，量才適用

可能我們在徐蚌會戰交過手
在上海保衛戰對過陣
我身上那顆子彈
就是你們射進
這些都不要緊
你們是被那幽靈脅迫愚弄
我們不會怪罪你們

只會對你們關懷、援救與同情
我們要懲處的是
那個「幽靈」的分身
如果他們翻然悔悟
革面洗心，帶罪立功
我們仍然讓他們做個中華民國的國民

我見過那個「幽靈」
我們曾經纏鬥火拼
三十二年前
我們差點被它趕下海
三十二年來
我們不斷在各個戰場交鋒
我們穿著真理的盔甲
拿著中華文化的盾牌
背著倫理、民主、科學的弓和箭

信心堅定，愈戰愈勇
在每個戰場都勝利
它，那個「幽靈」
已經信心動搖，節節敗陣
它自知到了窮途末路
要與我們「四流」「三通」
要與我們「談判」「共存」
它想重施「國共合作」的故技
以挽救覆亡的命運
我們不會受騙上當
我們也不忍心讓你們永遠受它凌辱
讓錦繡河山蒙塵
同胞們！吶喊吧！怒吼吧！
我們裡應外合降服「幽靈」
親愛的同胞們！

你們是擰在機器上的螺絲釘
只聽到馬、列、史、毛的催眠曲
你們是擺在棋盤上的黑白棋子
限在一個個小框框裡移動
你們頭上的天空是灰濛濛的一片
還散布著仇和恨
你們胸中淤塞著失望、哀傷和怨憤
我要告訴你們一些未曾見聞
或已遺忘或被曲解的事情——
我們生活在愛的天地
食衣住行育樂都是世界一流水準
我們一星期工作五天半，一天八小時
還有例假、休假和旅遊活動
可以出國觀光，也常在國內遊覽古蹟名勝
圍繞我們的是一片安和樂利的歡聲
唯一於心不安的是懷念

錦繡河山、同胞和親人
我們並不會點石成金
也不會撒豆成兵
只是秉持著三民主義的建國藍圖
還有一部你們參與制定的中華民國憲法
從事政治、經濟、教育、文化建設
獲得圓滿成功
政府還是那個政府
領袖還是那個領袖
我們能將這些資源缺乏的小島
建設成一個文化大國
經濟大國和軍事大國
我們在大陸時為什麼不能？
就是因為有那個「幽靈」
領袖的忠言實話人們當耳邊風
那「幽靈」的謊言卻奉為神明

政府要領導人民腳踏實地
創造自己的幸福
那「幽靈」卻教唆人們清算鬥爭
掠奪別人的成果自己享用

日本發動三月亡華的侵略戰爭
政府忙於安內攘外救亡圖存
號召全民團結奮鬥抗戰建國
那「幽靈」卻乘機滲透顛覆而坐大
抗日戰爭雖獲最後勝利
那「幽靈」卻奪取了政權
它控制大陸三十年
搞「大躍進」、「三面紅旗」、「文化大革命」
弄得落後貧窮，民不聊生
誰好誰壞誰是誰非，對比分明
事實擺在眼前，不由得你不相信

還有——
那「幽靈」否定我們中華民族的光榮歷史
把我們的列祖列宗當作民族的罪人
它要「除四舊」，要「批孔揚秦」
它要毀棄我們祖先遺留的豐富文化遺產
它要盡力挑剔渲染我們祖先的毛病
國父孫中山先生繼承了中華文化道統
又吸收西方民主科學精神使之發揚光大
這就是大陸貧窮落後
台灣富足繁榮的根本原因

親愛的大陸同胞們！
中華文化在人類歷史中的崇高地位已獲肯定
三民主義的優越性已為自由世界所公認
成為世界政治思想的主流
三民主義統一中國的呼聲已響遍海內外

是喚起中華民族子孫團結奮鬥的號角
只要我們堅定信心，持之以恒
就可降服那萬惡的「幽靈」

（這首詩曾在中央日報副刊（晨鐘）民國七十一年一月五、六日兩天連載發表）

附註：

我翻出這篇舊作，列在本書的首卷，不是要記仇記恨，而是希望我們中華兒女能記得這段慘痛的血淚教訓。近十年來，我隨《秋水詩刊》同仁，四次前往大陸遊覽觀光，進行文化交流，又參加中央日報委辦的旅行社出遊及個人返鄉探親，幾乎走遍整個大陸，接觸到很多政、經和文化界人士，交了不少朋友。中共政權改革開放以來，進步很快，雖仍披著共產主義的外衣，其實是個走向政治民主經濟自由的開發中國家。江澤民先生曾宣示，他要以道德治國，察其言觀其行，並非口號。我誠懇地建議中共當局，丟掉共產主義的包袱，走出共產黨的陰影，將「中國共產黨」改名「全民幸福黨」或「人類幸福黨」，並參照孫中山先生的三民主義建國藍圖，向全民幸福、人類幸福的目標邁進，實現這一崇高理想，是全人類所祈求、所盼望！我在翹首期待這一天到來！

探索

轟然一聲
強烈的音波
凝聚著飄浮物
形成日月星辰
羅列穹蒼
形成河海山岳
鋪成大地
宇宙於是誕生

看不見的風
摸不著的雲

閃閃的電光
隆隆的雷聲
與日月精華
山川靈氣相結合
孕育出萬物
生生不息

在時光隧道裡蛻變
演化成萬物之靈的人
人在生活中體認到
役物自用
以提升生活品質
改善生存環境
從獨處而群居
進而互助合作
啓發了人類文明

因群體內及群體間
智能高低需求差異
理想欲望不盡相同
競爭互不相讓
積怨成恨
導致延綿不斷的戰爭
人類的生存發展史
是一部人類血淚史

自然科學興起
啓動了工業革命
以機械替代人工
科技無限的發展
人腦的穿透力無所不入
電腦網路無所不能

人類面臨的嚴重問題
與日俱增

世界人口在暴增
地球資源漸枯竭
自然生態持續惡化中
大地母親在哭泣
憂鬱症大流行
犯罪率快速上升
戰亂警訊頻傳
治安亮起紅燈
貧富差距在加速擴大
億萬飢民病患到處哀鳴

各國都有種族歧視
各地都有族群對立

宗教仇恨愈積愈深
激發九一一不幸事件
美國不知自省悔悟
釜底抽薪以絕後患
卻以霸權心態借題發揮
要掀起全球反恐戰爭
欽定「邪惡軸心國」
要攻打伊拉克
置全人類安危於不顧

我從大愛電視
探視慈濟世界
慈濟人奔走全球五大洲
臉上流露笑容
嘴裡唸著感恩
賑災救難走在第一線

視全人類如一家人
心中只有愛沒有恨

慈濟人
是為人的榜樣
慈濟世界
是人間天堂
學慈濟人
締造慈濟世界
契機藏在
每人心中一念間

證嚴法師創造慈濟世界
不費一兵一卒一槍一彈
疆域正在不斷擴展中
聯合國應與慈濟結聯盟

制定憲章規範會員國
與慈濟人共同推行
全球大愛運動
激發各國領袖道德良知
提供人力物力資源
共創和平安樂大同世界

（九一一不幸事件週年定稿）

夜航

五十多年前
我曾參與過一次夜航
那是因為我們
被騙
被偷
被搶
被追殺
為達成未完成的使命
結合同志組成船隊
乘黑夜風大浪高
冒險航向海上蓬萊

幸賴領航者判斷正確
同舟一命勇往直前
安全抵達目的地
依三民主義藍圖
建設反共復國基地
秉持倫理　民主　科學
三大綱領齊頭並進
全國一心　軍民一體
推行克難運動
開創新機運　使
政治
經濟
教育
文化同步躍升
居亞洲四小龍之首

舉世稱讚為奇蹟

對岸執政者欣羨效法
作為改革開放的樣板
政府允許榮民返鄉探親
兩岸政經文化開始交流
成立海基海協兩會
辜汪進行會談
達成一個中國各自表述
有相互包容尊重共識
國家民族前途已現曙光

李登輝身為總統兼黨主席
對外宣稱：
國民黨是外來政權
國民黨已經不存在

中華民國在台灣是騙人的
他一直懷念他的皇民身分
日本天皇裕仁過世　他說：
台灣人民和日本人民同樣哀傷
他一心要搞垮國民黨
千方百計想消滅中華民國

縣市長選舉
他要國民黨多提名分散選票
讓民進黨候選人當選
一次選舉失去半數縣市
總統選舉阻止連宋配
讓陳水扁當選
使國民黨失去政權
他去美國訪問宣布兩國論
使兩岸關係降到冰點

退休後他帶走刻意培養的親信
為他號召組織台聯黨
與民進黨狼狽為奸
自己做陳水扁幕後軍師
李陳同台演台獨雙簧鬧劇

他倆各懷鬼胎相互利用
聯手悄悄啓動另一次夜航
航向以台獨作幌子的台灣國
陳想抱山姆叔叔大腿
獻上台灣換個殖民地保護傘
搶先擁護布希反恐
使主子歡心
以求安身立命世代榮華
李為達到認祖歸宗宿願
一心要將台灣帶回

日本帝國懷抱光宗耀祖
各自遮遮掩掩鬼鬼崇崇
擺盪在驚濤駭浪中
貌合神離手足無措
將消失在宇宙的黑洞

中華民國的存亡
中華民族的榮辱
已面臨關鍵時刻
住在台灣人民的選票
可決定中華民國的命運
兩岸關係的和與戰
是中華民族榮辱的分水嶺
也是全人類福禍的轉捩點
切盼兩岸的政治領袖們
放大眼光

敞開胸懷
發揮大智慧
攜手同心
撥亂反正
旋乾轉坤
締造一個和平安樂的
大同世界

（民國九十一年國慶日深夜定稿）

懷念無名氏先生

五十多年前
我閱讀他的名著
《塔裡的女人》
他以生動的筆觸描繪
男女主角情愛互動的心路歷程
使我幼稚的心靈忽生遐想
認為羅聖提是他的化身
這個印象在我心中縈迴很久
既羨慕又感傷

二十多年前

他離開大陸經香港來台
王牌兄邀約我參加
為他洗塵的餐會
他的事功與聲望
我從新聞報導
知之甚詳由衷敬佩
親睹風采握手言歡
深感榮幸

來台後
他繼續文學創作
應邀到處學術演講
參加各項文藝活動
為國家社會奉獻心力
我常在電視節目看到他的身影
在報章雜誌讀到他的文章

開會時聽到他的讜論
愛國精誠感人至深

忽聞他病重住院
旋接他去世訃聞
我銜哀參與公祭
各界代表盈庭
輓額輓聯花圈花籃
盡是崇功報德的心聲
八十六年的生命歲月
塑成他無私無我的心性
蓋棺論定備極哀榮

我拜讀向明先生的
〈我們虧欠無名氏〉悼念文
才知他晚景淒涼已極

他無怨無尤
　無悔無恨
他還與奮的對向明說
他應大陸一家電視台之請
將《塔裡的女人》改寫成連續劇
初稿即將完成
他要自食其力
他會珍惜生命
他不是浪漫的文人

我應邀參加他的文學作品研討會
主持人　主講人　撰稿者
全是文壇先進
對無名氏全部作品
作深入探討與總評
他的人品與文品獲得一致肯定

與會者都是他的好友與讀者
會場一片讚譽聲

（二〇〇二年十一月九日，無名氏文學作品研討會當晚定稿）

卷二　暢抒胸懷

小詩

(一)
心澄似鏡
當靈感的羽翼掠過
翠木雲影
好一幅如畫的風景

(二)
峰頂在雲深不知處
慾望與貪念偕行
不斷地攀升
得意間稍不留神
頓時跌落悔恨的淵谷

㈢

情的指揮棒一揮
隨之起舞的人類啊
一幕幕悲喜劇
寫就喜怒哀樂的一生

㈣

方向　四通八達
受制於慾望的霧
終將迷失歸途
尋得海上的燈塔
始可抵達光明的港岸

（《秋水詩刊》一一四期發表）

生命之歌

人人譜寫的一首歌
時而昂揚
時而低沉
交織成感人的旋律
展現生命的光和熱

珍惜生命

生命是座寶藏
努力開發善用
避開一切污染
維持美好生態
才能永保蓬勃生機

我行我素

花花世界
那享不盡的人間樂事
都與我無緣
有人說我白活了
我　不以為然

（《秋水詩刊》一一五期發表）

科技・科技・科技

科技是條
無所不能的變色龍
是人類文明進步的象徵
能滿足人類生活需求
帶給人類希望無窮
科技求真揭開宇宙奧秘
科技求善追求萬物圓融
科技求美以悅樂視聽
科技展示生命最高價值

科技是匹難馴的天馬

踐踏無垠大地
穿越宇宙蒼穹
破壞自然生態
污染了空氣與水質
還在日趨惡化
人類面臨生存危機
六十億人面面相覷
卻無良策

更迫切的問題是
世界列強都在進行
軍備競賽
以高科技製造毀滅性武器
恐怖攻擊日漸蔓延
反恐大戰一觸即發
大戰啓動之時

就是世界末日
智者能不深思?!

德國之光·諾貝爾的榮耀

——仁醫史懷哲不朽

日耳曼血統的德國人
以最優秀的民族自居自傲
主導了兩次世界大戰
均歸慘敗
成了人類浩劫的元兇
惟有仁醫史懷哲
為他的祖國爭光

一百年來
護諾貝爾獎者千百人

他們對人類的貢獻有目共睹
遺憾的——
有些貢獻被利用為
殘害人類的屠刀毒箭
惟有史懷哲使
諾貝爾榮耀而無遺憾

史懷哲身懷
哲學　神學　醫學　音樂四博士
拋棄名利進入非洲叢林
為貧病居民
從事醫療保健犧牲奉獻
歷經五十三年
愛的光輝
照耀人寰
永垂不朽

仁醫陳五福生命之光

宜蘭羅東出了一位
仁醫陳五福博士
開設「五福眼科醫院」
對家境貧寒病人
只收藥品成本
真是無力給付者
即免費診療至痊癒

有急重病家屬
請求為親人出診
不分本省外省原住民

從不推卻
在四、五十年代
鄉下交通不便又無自備車
他騎腳踏車帶醫療器材
來回奔波不辭辛勞

他與夫人共同創辦
「慕光盲人習藝所」
後改名「慕光盲人重建中心」
傾其所有
盡其所能
致力盲人教育與福利
受惠者不僅盲人
也為國家社會
充裕了資源
增添了光彩

詩人畫像

眼睛長在額上
喜歡皺眉頭
鼻子尖
耳朵長
腦袋大

四肢不怎麼發大
常作白日夢
醒來還在說夢話
對人情世故
別有一番詮釋

七情六欲
都長了翅膀

既痴
又癲
也狂
就是跟別人不一樣
用心端詳
都有些可愛的地方

（原載《葡萄園》一二三期，又刊載葡萄園四十周年詩選《不惑之歌》）

自由·自由·自由

人類初生
奔走在洪荒原野
覓食而生
巢居穴處
與人無爭
是最自由的年代
與毒蛇猛獸爭生存
也是最痛苦的時代

因生育繁殖
由獨處而群居

倫理的關懷
相處的互動互惠
人的行為開始受到約束
隨人口增加進步文明
風俗典章制度日漸周密
人的活動限制愈多

不自由毋寧死
說這話的人
想的不夠周到
說的不夠明白
誤導了很多人
生在當下守法才有自由
除盡惡法　清官執法
自由才有保障

民主·民主·民主

孟子說：
民為貴
社稷次之
君為輕
是民主精神的定義
歷代的聖君賢相
以此為標竿
經營出太平盛世

國父孫中山先生
將中國的民主精神

融合西方民主制度
成為民主政治典範
在台灣實驗推行
開創了政治經濟奇蹟
國強民富
舉世稱讚

於今
台灣民主
成口號　是幌子
執政者霸道橫行
多數官員民代假公濟私
官商勾結腐蝕國本
黑道猖獗治安亮起紅燈
人民生活在恐怖中

來！來！來！

你來
我來
大家來
伸出援手
搶救那個
漂浮在銀河的
藍色小星星

她被污染的空氣窒息
遍體鱗傷
已陷入昏迷

身上的寄生蟲
還在不斷啃食
別忘了她是我們的母親
救母要盡心盡力

貴賤說

貴者，不可須臾離
空氣和水是
生命最珍貴的要素
卻被浪費的資源所污染
是在踐踏生命
生存危機日漸浮現
還在加速惡化
人類前途堪憂
令人悲歎

賤者，可有可無

如華服美宅
時尚流行的裝飾
無關生活品質
只會刺激慾望
陷入於無底深淵
使人身敗名裂
悔恨以終
何苦來哉

貴賤存在每人心中一念
關係一生榮辱福禍安危

白色恐怖

白色恐怖
成了一句流行的口號
喊這句口號的人
都顯露自鳴清高
大義昭然的音容
以博時譽

白色真的會使人
恐怖嗎？
也許極少數人不自檢點
一身污穢怕被清理

或混跡塵埃被清洗漂白
患了白色恐怖症

我喜歡白色
清純悅目
被沾染一絲污垢
即被顯現出來
使病媒無所遁形
是防病健身的保護傘

鮮紅的血色
使人感到赤色恐怖
黑色藏污納垢
是百病之源
又是犯罪溫床
才真的使人恐怖

去中國化的迷思

陳水扁政權
不承認辜汪會談
一個中國各自表述的共識
要繼承李登輝的兩國論
又變調高喊一邊一國
以中華民國國旗做掩護
搞漸進式台獨

他們的絕招是去中國化
以媚日親美為依靠
限制台商去大陸投資

藉故阻止三通直航交流
有中國名稱的
工商機構及文化團體
都受到歧視與打壓
分裂族群凸顯台獨主張

不承認自己是中國人
不承認祖先是中華民族血統
不認同中國語言文字
不認同中國歷史文化
忽視一般愛國人民
祭拜留在大陸的祖先
信仰中國歷代的神明
去中國化的迷思
是癡人說夢

乘客交響曲

時間就是金錢
捷運為我省了不少錢
使我的日子好過
生活更有情趣

時間就是生命
捷運節省時間延長壽命
使我活得快樂
人生更有價值

公車與乘客

公車與乘客
是朋友
我送你一程
你陪我一會
經常見面有情趣

公車與乘客
是生命共同體
城市的風采
國家的形象
都呈現在你們臉上

日皇裕仁的悲哀

十五歲登上天皇寶座
在位七十二年
使日本走上全盛的高峰
跌落無條件投降的谷底
其一生成敗事實俱在
善惡是非蓋棺而論未定

譽者謂：
他是位仁慈的和平主義者
日本對外侵略
發動殘酷戰爭

是被軍國主義者
脅迫愚弄的傀儡

毀者說：
從歷史檔案資料
他生前日記及信函搜證
全面侵華
發動太平洋戰爭
他都是罪魁禍首

傀儡也好
罪魁禍首也罷
他已入地獄
成為歷史的罪人
使日本蒙羞

（刊載《世界詩壇》第十期）

黑洞

天文科學家們
不斷發現宇宙
存在著許多黑洞
吸引力極強
連光線也難逃被吸入
最近又發現
一個銀河系有兩個大黑洞
正在醞釀合併
將影響整個宇宙
那黑洞離我們很遠
那情形是幾億年以後的事

我們不必擔心

我們所苦惱的是
人類世界存在著
很多大大小小的黑洞
隨時隨地在釋放吸引力
大黑洞的引力個人無法抗拒
小黑洞的引力憑功夫自求多福
大小黑洞在與時俱增
吸引力日漸擴大
有人在驚聲叫喊
世界末日來臨
其實不必驚慌
慈濟世界沒有黑洞

山姆叔叔病入膏肓

山姆叔叔
遠從英倫海島
播遷到北美新大陸
開疆拓土繁殖後代
發展農牧業
搭上科技列車
闖出亮麗的一片天
百業興盛國強民富
成為世人嚮往的樂土
第二次世界大戰後

冷戰結束獨霸全球
被名利沖昏頭
聚國力民力向全世界
搜刮資源拓展商機
要獨享財富又傲慢
以國際警察自居
置貧窮國家人民生計不顧
激起被欺凌者憤怒

九一一事件被羞辱
患了憂鬱症
併發歇斯底里
狂叫全球反恐欽定「邪惡軸心」
耗費數千億在所不惜
國內外情勢對他都不利
他還呼風喚雨洋洋得意

他已病入膏肓而不自知
聰明一世糊塗一時

奇夸克的神奇

如紅血球般大
只能在顯微鏡下現形
卻重達一噸
有五百萬噸炸藥的威力
以數十倍音速
穿越地球
造成地震
超過詩人的想像吧?
你相信麼?

是物理學家

地質學家合作
從全球地震紀錄中發現
有一百多萬筆地震
不是地殼自發性震動
而是外力穿越地球所致
於是與奇夸克聯想在一起
已從地震波圖分別出來
科學家們正在追尋奇夸克的來源

我們人類是生存在
一個奇幻的宇宙
還有什麼想不開的呢？
好好把握一瞬間的生命
相互憐惜
為多災多難的人間
盡自己的一分心力

才活得有意義

（閱讀二〇〇二年十一月二十五日中國時報科學家新發現「奇夸克重擊造成不明原因地震」有感。）

愛情觀

在生命的旅途上
發現理念與願望
與自己相同的異性
心靈感應
發出愛的火花
攜手同心向目標邁進
經過患難與安樂歷練
開創了美好的人生

沉迷於浪漫的幻想
經不起外在的誘惑

縱情肆慾
陷於愛恨情仇的羅網
以悲劇落幕
帶著悔恨入地獄
毀了今生
沒有來生

（三月詩會二〇〇二年六月命題詩）

現代中國人的使命

中國人得天獨
發落在地球最好位置
景致優美　氣候溫和
幅員廣闊　物產豐富
地靈人傑　文化輝煌
身為中國人與有榮焉
是中國人福氣

中國人驕傲過屈辱過
對人類的功過載之史冊
身為中國人後代

應知所惕厲有所承擔
宏揚祖先功德
根除前人惡習
做個堂堂正正中國人

地球村面臨空前危機
人文自然生態同步惡化
科技經濟畸形發展
富強者狂妄頹廢墮落
貧弱者掙扎死亡線上
濟弱扶傾救亡圖存
中國人義不容辭

重建新潮流倫理道德
改善全人類生存環境
以大愛消除仇恨

以互助取代對抗
是人類轉禍為福契機
機運已握在
中國人手裡

中國有世界四分之一人口
有豐富的人力物力資源
有優良的文化傳統
政治已安定經濟在起飛
只須聯合各區域族群
為共同利益團結奮鬥
就可達到目的完成使命

（三月詩會二〇〇二年七月命題詩，原題：中國）（刊於《世界詩壇》第三期）

我的父親

父親在我的記憶裡
總是和顏悅色
沒打過我
沒罵過我
沒在家裡發過脾氣
沒跟別人吵過架

我十三歲開始做童工
父親教我參與家事
曾一再叮囑我：
做人要誠實謙虛勤奮

做事要務實有恒上進
這筆資產使我享用一生

父親是半自耕農半佃農
農閒做中藥茯苓加工
或做些肩挑小買賣
為了生活終年辛苦
使一家人能得溫飽
父親自得其樂

我十七歲逃難謀生
六十三歲才返鄉探親
父親已去世三年
弟妹們說
父親一直惦記著我
常在餐桌為我擺碗筷

我隨著時勢
翻山越嶺漂洋過海
衝鋒陷陣躺臥病榻
立業成家教養子女
以至退休養老
無時不想念父母

父母恩愛一生鄰里欽羨
母親先父親去世多年
後來遷葬同一墓穴
我四次返鄉墓前祭拜
親恩未報終身愧疚
只有寄望於來生

（三月詩會二〇〇二年八月命題詩，原題：父親）

時光老人

時光老人
御駕光波
巡視宇宙
統治天地萬物

時光老人
執法公正無私
貧富貴賤
從不私授一分一秒
時光老人

待臣民絕對自由
上天堂下地獄
一概成全

時光老人
獨斷獨行
無是非善惡觀念
寫成令人迷惘的歷史

（三月詩會二〇〇二年九月命題詩，原題：時光）

葉子

葉子
吸收陽光雨露
使枝幹茁壯
使花朵芬芳亮麗
使果實形美味美

葉子
吸入碳氣
吐出氧氣
使空氣新鮮
以利動物生長繁殖

葉子

看樹幹成棟樑
聽花果受讚美
不嫉妒　不落寞
迎風招展自得其樂

為人　以
葉子為師　以
葉子自勉
為別人付出
也是成就自己

（三月詩會二〇〇二年十月命題詩）

根

萬事萬物都有根
互助合作是福根
爭名奪利是禍根
植物根深枝粗葉茂
花果相映成趣
是大自然美景
人的根是祖先
祖先功德發揚光大

祖先過錯使之消失
子孫才會幸福

（三月詩會二〇〇二年十一月命題詩）

影子

有人繪聲繪影
有人捕風捉影
有人杯弓蛇影
形形色色的影子
無所不有
無所不在

現實世界
影子當道
政客憑影子騙人
商品以影子迷人
信以為真

就被影子愚弄

我回想台灣
從無到有
從有到富
先總統蔣公　和
故總統經國先生身影
就出現在我思念中

於今有些人
顛倒是非忘恩負義
扭曲兩位偉人的影子
又以惡言毀謗
製造族群分裂
使台灣向下沉淪
（三月詩會二〇〇二年十二月命題詩）

討債公司

一群野心勃勃的傢伙
想大富大貴
向一家被劫後的暴發户
信口開河討債
舌燦蓮花
搏取社會大衆同情
以合法掩護非法
愈取愈求

成立一家超大型
討債公司

向全民討債
迂迴曲折軟硬兼施
逼迫交出祖先遺產
還要逼討祖宗牌位
以利他們另立門户

公司營運無往不利
得意忘形醜態百出
為所欲為頹唐墮落
台北市民以選票現心聲
公司內部爭權奪利
關門大吉為期不遠

（三月詩會二〇〇三年元月份詩題）

月夜沉思

資訊像潮水般湧來
多半都是壞消息
美國反恐大戰箭在弦上
印巴、以巴短兵相接
貧窮地區飢民哀嚎無助
國強民富只知利己損人
犯罪多元化駭人聽聞
溫室效應日趨嚴重
生存危機向人類逼進
我為子孫憂

夜深人靜我倚坐窗前
仰望星月交輝
天然美景啓我沉思
如果以愛消除仇恨
將備戰應戰的人力物力
改善全人類生活品質
維護地球村自然環境
天災人禍隨之消失
慈濟人以大愛撫慰眾生
慈濟世界皆歡樂是見證
韓戰、越戰殷鑒不遠
要再蹈覆轍何其愚蠢

（三月詩會二〇〇三年二月份命題詩，原題：春江花月夜）

憶童年

我家門前屋後
都是山
有草原
有叢林
山中小徑留下
我童年的足跡

在草原上放牛
採山楂
找草菇
尋蘭花

有所獲喜上心頭
牽牛循小徑回家

到樹林覓柴薪
收集枯枝落葉
裝滿竹簍背負而行
下坡陡峭常跌跤
山中小徑啓發我
善處逆境

（三月詩會二〇〇三年三月份命題詩，原題：山中小徑）

我的週歲生日

我好命
龍年出生在
慈善的小康之家
位居長子長孫
成為龍子龍孫
週歲全家為我慶生
在祖宗神位前抓週
我握起一支毛筆不放
全家歡欣
說我將來有出息

我時運不濟
國難使我家貧少年失學
稍長戰亂逼我流離失所
我雖緊握著一支筆
長期用功磨礪
竟成一支禿筆
不能生花吐艷
每逢生日
我就想起抓週的往事
愧對祖先

（三月詩會九十二年四月份命題詩，原題：生日）

註一：我弟妹眾多，幼年常依在祖母身邊，祖母告訴我抓週的趣事。

註二：「抓週」是我們家鄉的習俗，如果看重那個男孩，週歲生日會抓週。將毛筆、算盤、錢幣、稻谷等，擺在孩子面前由他選擇抓起，以預卜他的事業前途。

夢

日有所思
夜有所夢

我白天所想的是
守本分
盡義務
夜裡所夢的
也是那些

有人說
那樣的人生乏味

熱浪冷風迎面而來
我感受到
世態炎涼
我行我素
心安理得

（三月詩會九十二年五月份命題詩）

ＳＡＲＳ旋風

ＳＡＲＳ旋風
侵襲地球村
我們首當其衝
官與民忙著周密防備
以消災避禍
掀起驚心動魄的風雲

人心惶惶舉止失措
動輒得咎悲憤難平
ＳＡＲＳ底細尚摸不清
消災避禍不知法門

自亂陣腳相互踐踏
為SARS助陣

有人因SARS失業
有人因SARS送命
有人因SARS破產
有人因SARS毀了家庭
SARS罪大惡極
一定要將它斬草除根

卷三　心靈互動

樸實一士

認識汪洋萍先生很早，惟因工作崗位不同，得緣論交而莫逆於心，不過是近兩年的事。文史哲出版社曾為他印行了六、七冊詩文、時論和遊記雜俎等著述，其作品中對人生態度的抱持和踐履，於平實清淺中，雖說不上雄文俊采，卻充分體現其用世的篤敬和認知的精誠；不鳴高、不浮飾、不蹈賢伐名，亦不取悅時俗。惟其對人生、世情和社會百態，卻有其中肯的認知和立論。我在泛閱之餘，說不上有多少動心的感應；及至最近得閒細讀之後，才於其行文的樸實揮寫中，覺其對人生世情之洞見和對社會人文之關懷，踏實深切而樸素清純，謙謙然良士之風，令人生敬。

洋萍先生沒什麼傲人的學、經歷和社會名望；在歷任軍、公、教職四十餘年退休之後，恒著力於閱讀寫作，於簡樸有序的日用常行中，不取不求，不懈不怠。勤讀慎寫之暇，每意興欣然地參與社會藝文活動，於恒常讀寫的自我鍛錬期許中，其已出版的九冊詩文著述，曾獲教育部頒「新詩創作獎」暨其他多項徵文獎。現為「中國文藝協會」、「中華民國新詩學會」和《秋水詩刊》成員。我列舉他的樸素詩文作品和參與的藝文組合，旨在說明他老而彌堅的藝文志趣和人生理念，總是那麼傾心關注國家社會的人文與藝文生態；於自我創發中，力挽目下怪誕虛張的藝文現狀，不期其在一灘政治惡沼和社會爛泥中迷失沉淪而自取禍亡！每於小聚傾談中，聆其言、觀其行、讀其詩文而會其心志，於疾俗憂時中，深受感動。

同為七五高齡僅小我半歲的洋萍，常致電獎勉我年來為「中副」應景的方塊雜文，溢美之詞每令我赧然！際茲國家社會徬徨迷亂，國族思維分崩離析，人文精神無量沉淪，政治權欲乖張之時，放眼社會場景，是很令有識之士惄焉為憂的。需知「良政」必始於良質人文精神之建構；而優良人文素質之生發，亦必源於歷史文化統緒為時代面向之良性轉化，而非「連根拔起」為輕邈駭俗之叛離拋棄，數典忘祖地相率以赴輕狂！新近發生的英語發音的準據之爭，怎麼說都是自毀文化、自絕於國際的無恥愚行，令人浩歎！

洋萍的學、經歷並不十分出色當行，但他對國家民族歷史文化諸元的認知深邃，對人文藝文相乘的泱泱國族文化風致長繫此心。恂恂然良士之風，樸實堅貞，令人欽敬。

（原載民國九十一年八月十二日中央副刊〈方塊〉）

愛恨不關風與月

——汪洋洋《遊目騁懷》讀後

謝輝煌

詩人汪洋萍，在新著《遊目騁懷》裡一首〈秋的獨白〉的小詩中寫道：「詩人啊／別忘了／在另外一片天空／我的風華依舊／等著你去吟詠／桂子飄香／金菊情韻／欣賞／我的風和月」。可以說，這也是詩人自己的獨白。因為，桂香金菊以及風和月，都是自自然然的本性呈現，很恰當的比喻了詩人的全部性格。正如他的好友韓濤於八月十二日在「中副」的方塊〈樸實一士〉中，對他的描繪：「不鳴高、不浮飾、不蹈賢伐名，亦不取悅時俗。」換言之，他自有其情癡處。套用歐陽修的詞來說，他的確的「人生自是有情癡，愛恨不關風與月」。

《遊目騁懷》，係詩人的第九本詩文集，收有近年來的詩作三卷，即「人間掃描」、「如是我觀」、及「三月詩趣」，各卷均有其內容的趨向與指歸。末卷為「心靈感應」，是詩人與文友間互讀彼此作品後的感想與共鳴。此外，便是他的〈自序〉和〈後記〉。這是進窺他的內心世界的兩把鑰匙，開啓了以下三點：

一、「我是孔子和國父孫中山先生的信徒」：這是他思想的源頭。

二、「我靜觀默察，人類已面臨三大危機」：按即過分「鼓勵消費」、「破壞自然生態，嚴重威脅人類生存」；「人類日漸被物化、神化、妖魔化，而失去自信、理性與人性」；及「家庭暴力、族群對立、政黨紛爭、宗教仇恨、區域戰爭、列強軍備競賽、商戰傾軋，使人們缺乏安全感」等。呈現了「寫什麼」的指標。

三、「我寫詩為文，不是想做詩人，也不是為搶個作家名位」，只是為「表達我的焦慮與期盼」，「說出我的警惕與願景」，而「暢所欲言」。這是他寫作的動機和書寫策略。

由他以上的自白，可是他是以儒家的法眼，在觀照並檢驗這個世界，進而據以定褒貶。在創作方面，以求「暢所欲言」的達意，並不刻意講究雕飾（包括隱諱），例如，他讚揚慈濟：「以感恩的心善待眾生／以大愛和諧族群／慈濟人愛灑人間／慈濟世界到處樂融融／慈濟人為台灣／塑造了美好的形象／台灣人以慈濟為榮」（〈台灣再現奇蹟〉）；他月旦徐志摩：「他出身名門／上天把最好的／都給了他／他卻不珍惜」（〈人間四月天〉）；他批判退休總統：「他秉持國政十二年／操縱修憲擴大總統職權／結黨營私搞台獨／視中華民國為外來政權／懷念他的皇民身分／一心嚮往東瀛祖國」（〈人物春秋〉）等，都是直接了當的「我手寫我心」不僅如此，他還將這本收有多篇「罵殿式」詩作的集子，直呈當朝及相關單位與個人（見附箋），而不懼斬腰棄市」。只此一點，便不讓太史公專美於前了。反過來看，他沒被「斬腰棄市」，也算得上是台灣的另一項「奇蹟」了。

根本的說，詩就是「心聲」。況詩人有不暇諱飾的個性，所以，在讀他的詩時，便能「見其題而知詩，讀其詩而知其人」。如：〈偷！偷！偷！〉、〈騙！騙！騙！〉、〈搶！搶！搶！〉、〈地球村的消耗戰〉、〈人類的希望在「大愛」（「大愛」也是慈濟的廣播頻道）〉、〈台灣再現奇蹟〉、〈這樣的名作家〉、〈樂極生悲〉、〈科技、經濟、人文—人類何去何從〉、〈寄望中共繼續改革開放〉、〈為人禍天災解套〉、〈我憂心這場悲喜劇〉……等，放在他「忠（國民）黨愛（中華民國）國，死守（儒家）善道」的燈前一照，便知他是懷著悲天憫人的情懷，在寫他的「焦慮與期盼」。如：〈我憂心這場悲喜劇〉：「我時常回顧／人類歷史的悲喜劇／已預感到劇情逼近高潮／想不到九一一這天／就轟然驚動全世界／哀嚎聲　憤怒聲／歡呼聲　雀躍聲／悲到極點　樂近瘋狂／悲喜劇才揭開序幕／不知編劇和導演／如何調整劇情／怎樣搬弄手法／各本良知良能愛人如己／以悲劇開場喜劇落幕／是地球村子民之福／否則　將同歸於盡」。

這首詩，是全世界絕大多數人的共同心聲，而那劇情尚在連續發展中。其實，轉動一下鏡頭，就在我們門前門後，乃至客廳與臥榻之間，也有不少「悲喜劇」正連續上演中，累積的「焦慮與期盼」，已疊得比玉山還高了。所以，詩人在〈此時此刻〉又寫道：「一彎弦月／滿天星斗／大地在酣睡／此情此景／好美喲／心弦忽傳來／爭權奪利怨懟吵鬧／復仇雪恨嘶（廝）殺哀號／驚擾我情緒／樂趣全消」。

就詩藝言，在時髦派的眼中，幾近木訥無文，但作為「木鐸」（詩人曾任教職），也幾近之。惟傳統的比與對襯，也並闕如，如前文所舉各詩中，便不難找到例證。再如〈落花〉、〈春之禮讚〉、〈秋的獨白〉、〈山的自述〉，最能呈現他的思想與技法：

「我們的族群／在地球上／星羅棋布／巍然屹立億萬年／經營美好的自然生態／以竟神明造化之功／／我們沒有策略／不用計謀／敞開胸懷／讓萬物比鄰

而居／使不同的族類／相生相養／各自調適／得以繁衍綿延／／我們的百態千姿／展現怡情的風景／我們體內蘊蓄著／豐富的資源／地球村因我們而富麗／萬物擁有我們而昌盛／／我們沉默以教／無為而治／萬物之靈的人們啊／你們不安分守己／是使我們最傷心的／一群」。

詩中的「山」，是超現實的、擬人化的、或形而上形而下的大我的代言者。思想上雖拈出了道家自然主義的「無為而治」，然「無為」也是「為」，即其所「為」為「不塞其原，不禁其性」（王弼注《老子》第十章，摘自吳怡《新譯老子解義•前言》），解放一切不必要的管制（「為」），提人民一個大好的生存環境，人民便可自作自息，自求發展。這跟今天大家所期盼的「多一點經濟，少一點政治」的全民共識，完全一致。而大陸的「改革開放」能立竿見影，更是減少「有為而治」的最佳例證。

總之，詩家和詩讀者，不可能只有一種樣相。詩人的作品，是屬於明白易懂的一型。掌握了這個特色，便能欣賞他詩中的「風和月」。他的批判詩，的確是「白」些。但是，唯有「無我」才能作「白紙黑字」的批判，只此一點，已見到詩人的人格了。（二〇〇二年八月十六日）

（原載《世界詩壇》第五期）

《泱泱秋水》詩選集序

一泓秋水盈盈、悠悠、浩浩、泱泱，流過三十年歲月，滋潤了台灣本土、海外及海峽對岸詩的園地，散播詩的種子，長出詩的花朵，使老中青三代，綻放詩文化的燦爛光輝。我身臨其境，身在其中，是身受其惠的人。

我回憶《秋水》詩刊的全程往事，秋水能有今天，是創辦人古丁先生，眼光遠大，心胸開闊，目標正確。他在創刊詞宣示：「只為開闢一塊乾淨的園地，供愛好新詩的朋友作歸隱式的吟哦，在寧靜中享受詩與美的人生，將名利放逐於詩國之外。」當時詩壇充滿了火藥味，主義及流派之間爭論不休，相互撻伐，各執偏見，使新詩脫離了群眾，失去了讀者。古丁先生為重振詩風，發揚詩文化的使命，他與好友綠蒂，得意門生涂靜怡，合力創辦《秋水》詩刊，不搞小圈圈，選稿沒有門户之見，營造出一個清新融和的詩的園地。

秋水詩刊的前七年，是由古丁主持社務，支持所需經費，涂靜怡主編，締蒂負責印刷業務，合作無間經營順利，在詩壇展露頭角。民國七十（一九八一）年元月二十七日，古丁老師因車禍去世，涂靜怡頓失憑依，精神失去支柱，經濟斷了來源。她為繼承恩師遺志，完成恩師心願，在燈前寫稿賺稿費，拿出部分薪資，節衣縮食，以維持秋水出刊，苦撐了八年。在這八年中，她使秋水展現新的風貌，也規畫出秋水新的遠景。

由於投稿者踴躍，好詩難以割捨，使篇幅日漸擴增，加之郵費上漲，要長期經營以求發展，實非個人財力所能承擔。因此，自第六十期起，改為「同仁詩刊」，當時的同仁有：墨人、雪柔、麥穗、一信、藍雲、童佑華、劉菲、薛林、陳寧貴、張朗、汪洋萍。並自這期起開闢「大陸詩人作品之窗」，開始與海峽對岸進行文化交流。很快掀起一股秋水詩風，飄香全國，連蒙古、新疆、西藏，都有秋水的作者和讀者。

秋水詩刊為慶祝創刊十五週年，出版了一本《盈盈秋水》詩選集，從十五年來在秋水發表詩作的作者四百四十四人，三千五百五十七首詩中，精選一百位詩人的三百零四首詩。詩的內涵及編選的風格，使人耳目一新。麥穗先生在〈林林總總話詩選〉這篇評論中，評述台灣出版的數十種詩選「除為當時詩壇的作品取向留下一些痕跡，並無任何代表可言。」他對《盈盈秋水》詩選集的論述：「作品是從《秋水》詩刊一至六十期中，發表過作品的老老少少四百四十四位詩人、三千五百五十七首詩裡，精選一百位詩人的三百零四首詩。除別具匠心的編排，清新悅目的色彩字體之外，每一位入選的詩人，無論名氣大小資歷深淺，一律給予四頁篇幅，照片、小傳、詩觀並列，給入選者都有被尊重的榮耀。這是編者的胸襟，亦為未來詩選樹立了一個典範，令人敬佩。」

秋水詩刊創刊二十週年，出版了《悠悠秋水》詩選集。作品選自六十一期至七十八期，一百六十位詩人的佳作。卷一：台灣詩人六十位。卷二：香港及海外詩人二十位。卷三：大陸詩人八十位。可見大陸詩人「搶攻」秋水詩刊園地，銳不可擋。

因此，哈爾濱市、北京市和西安市的詩友們，建議當地文聯邀請秋水詩刊同仁前往訪問，進行文化交流。於是秋水詩刊發出訊息，邀約大陸各地詩友，自行選定聚會地點參加。

秋水訪問團，於民國八十二（一九九三）年十月二十日，由香港轉機直飛哈爾濱，有多位詩友開專車來機場迎接，當時氣溫攝氏0度以下，我們的車直駛呼蘭河畔的黑龍江火電工程公司招待所，到達時已深夜十二點多，熱騰騰香噴噴的消夜餐點等著我們，公司的陳文奎總經理親自迎接，同桌進餐，親切交談，倍感溫馨。第二天在招待所大禮堂，開歡迎會並提前慶祝秋水詩刊創刊二十週年，開詩學研討會，與會者百餘人，都是遼、吉、黑三省文藝團體的領導人、詩刊主編及秋水的作者，他們一致肯定秋水對兩岸文化交流的貢獻。我們參訪過《詩林》詩刊、「哈爾濱文藝雜誌出版社」、「蕭紅紀念館」，遊覽了幾個觀光景點。

從哈爾濱飛北京，有不少詩友在機場迎接，安排我們住北京大學附近的中關村酒店。有遠從四川、安徽、山東、杭州等地來的詩友，一擁而上自我介紹，互訴心聲。在歡迎及慶祝會上，各自暢抒情懷，為秋水許願景。北京大學為我們主辦一次詩學座談會，一次詩歌朗誦會。訪問中央民族學院，副院長為我們作簡報，開座談會。參訪全國發行量最大的《詩刊》雜誌社。憑弔天安門廣場，遊覽頤和園。

從北京飛咸陽機場，有多位詩友開專車迎接，安排我們住西安統計學院招待所，下午七點多鐘才到達，直接進入餐廳，西安市文藝界包括詩人、作家、畫家、音樂家近百人，正等著我們開歡迎慶祝聯誼會，隨即舉行儀式，給我們每位同仁獻花。宴會中美酒佳餚，觥籌交錯，歌聲、掌聲、歡笑聲，真情流露，賓主盡歡。第二天開詩學研討會，發言踴躍，主題不離再造「詩的盛唐」。西安市文聯為我們安排好訪問參觀及遊覽行程，有專人陪同，專車隨行，飽覽了下列歷史人文生態景觀：陝西省歷史博物館、西安古城、西安碑林博物館、秦始皇陵、兵馬俑博物館、乾陵、大雁塔、法門寺、驪山的諸多景點、鳳翔縣的東湖。暢遊西安古都，見識豐富的中華文化遺產，是此行一大收獲。

民國八十五（一九九六）五月，應遼寧省和大連市文聯邀請，秋水同仁訪問了大連市、東港市、丹東市、瀋陽市，開詩學研討會及文化交流座談會多次，參觀旅順港、大孤山古建築群、大鹿島、明代古長城、抗美援朝紀念館、張學良舊居陳列館，也就是張作霖的大帥府，在大帥和少帥的一些文物中，有一幅　國父孫中山先生書贈張學良「天下為公」黑寶，睹物思人，不勝唏噓。還有值得一提的是：丹東市文聯為我們接洽好，去北韓旅遊三天。由國際旅行社兩位會中國話的男女導遊陪同，遊覽了平壤和開城的主體塔、凱旋門、崇陽書院、高麗博物館。還去38度停戰線上，韓戰停戰談判及停戰協定簽字處，我們坐上談判席，看到停戰協定影印文件。38度線北韓佔領區尚未開放觀光，對我們是特別安排禮遇。在北韓所見所聞，是另一個人間世界，不虛此行。

秋水創刊二十五週年，應內蒙古伊克昭盟文聯和外蒙古作協邀請，同仁們組團作第三次詩之旅，與詩友們聯誼，為秋水慶生。訪問外蒙古，是由代表蒙古國多次參加世界詩人大會的森•哈達促成。他是在中國大陸受大學教育，對中華文化有深入研究，是秋水發行人綠蒂的知交，秋水的海外同仁。我們訪問活動是由他規畫，他全程陪伴作翻譯。開文化交流座談會及詩學研討會，與會者有國會議員、政黨領袖、政府首長、大學校長、詩人、作家及文化界人士，他們對台灣政治、經濟及教育、文化的發展都很羡慕，希望能增進兩國關係，給與他們援助。我們參觀了烏蘭巴托歷史博物館、自然生態博物館，觀賞民族歌舞團表演。遊覽大草原及特洛吉渡假村。

結束外蒙古六天行程，由烏蘭巴托直飛內蒙古的呼和浩特，有一大群詩友在機場迎接我們。這次有從十幾個省、市的幾十位詩友來蒙古高原與秋水同仁相聚，有的已是第三次見面，熱情感人。在慶祝會及座談會上，互訴心聲，相期共勉，為秋水詩刊許下更美好的願景。會議結束，相偕往謁王昭君墓園和成吉思汗陵寢。參觀「五當召」喇嘛廟、伊克昭盟書畫院。攀爬響沙灣黃沙峭壁。在依依惜別中，相互祝福後會有期。

秋水創刊二十五週年，出版了《浩浩秋水》詩選集。作品選自秋水八十期至一百期，作者一百六十位，其中台灣作者六十位。香港及海外作者二十位。

大陸作者八十位。這本詩選集裡出現了不少新面孔，還插載著秋水詩刊參與國內外詩壇活動的三十幅彩色照片，使這本詩選集更顯得光鮮亮麗。

秋水詩刊同仁，應雲南省昆明市文聯和大理白族自治州文聯及政協邀請，作第四次大陸詩之旅。民國九十（二〇〇一）年七月二十四日，由香港轉機直飛昆明，有多位詩友在機場迎接，安排我們住滇池溫泉花園酒店。文聯張維新主席和十餘位文藝界人士宴請我們，開聯誼座談會。為我們選擇好旅遊觀光景點，派專車由郝鐵紅主任陪同服務，倍感溫馨。我們參觀民族村，採風問俗。遊覽西山森林公園、石林國家重點風景名勝區、世博園的七彩雲南等天然美景。昆明文聯專車，送我們去大理，政協楊信全主席設晚宴接待，開聯誼座談會熱情洋溢。第二天陪我們經麗江去瀘沽湖女兒國，車行八小時，沿途欣賞明山秀水，心曠神怡。瀘沽湖畔是摩梭族人聚居的母系社會，由女人當家作主，沒有婚姻糾紛及家庭暴力，令人羨慕。

離開女兒國回到大理，參觀白族自治州博物館、觀賞白族民俗歌舞團表演、乘遊輪暢遊洱海、乘索道坐椅上蒼山、瞻仰崇聖寺三塔、遊覽麗江新華村及麗江古城。這次十四天雲南詩之旅，在知性與感性方面，都是豐收。

一個詩刊的生存與發展，作者、編者與讀者是原動力。有眾多作者提供好作品，編者選稿得宜，才能獲得廣大讀者的欣賞，編者是作者與讀者之間的橋樑，居於詩刊生存發展的關鍵地位。涂靜怡主編秋水三十年，她全心全力投入，雖自第六十期起改為「同仁詩刊」，同仁列為編委，實際同仁只是分擔出刊所需經費，編務仍是她一肩承當。秋水的編輯部，就是她任職司法官訓練所的辦公室，她利用下班後及例假時從事編務。她每年考績甲等，有多次調職晉升機會，為守住那張辦公桌作編輯台，她寧願放棄升官。就個人名利言，她為秋水作了重大犧牲。

為慶祝秋水詩刊創刊三十週年，即將出版《泱泱秋水》詩選集，作品選自秋水一百零一期至一百二十期，入選作者一百七十位。辦詩刊、出詩集、詩選，都是經營詩文化事業，是很累人費心力的事，也是提升人文素養的好事。我虔誠地期盼《秋水》詩刊作者、編者、讀者和秋水同仁們，繼續支持《秋水》，使《秋水》長流，更為暢旺。

痴迷詩歌為理想

兩個多月前，我收到王學忠先生，從河南安陽寄來一本《挑戰命運》詩文集。我細心拜讀了三篇序文；一至三輯的一百七十五首長短詩；第四輯的九篇敘事抒情文；第五輯裡九位詩文評論家的評文，涵蓋學忠先生的全部詩文作品，並稱讚他的人品修為。作者在〈後記〉裡說：「痴迷詩歌三十載，長長短短寫了數千首」「這詩，還是要一首一首地寫下去，詩集，也會一本一本地出下去。」讀完全書，像觀賞了一部描寫一位詩人為詩而活的電視連續劇，使我感動，令我欽佩。

他的夫人署名英兒，為這本書寫的序文，她說：「學忠的詩，是社會底層人們匍匐在地上的吶喊、呻吟，字字句句都流淌著酸澀的淚水，鳴響著對假醜惡的鞭笞。」「他不忍看到每一位不幸者淌下的淚滴，每一滴淚都會給他帶來長時間的震顫和痛苦。」「他的詩是寫在地攤前、飯桌旁和騎自行車進貨的路上……寫在痛苦裡、疲憊中。」我在感佩之餘，又擔心起他長期情緒激動，生活在痛苦疲憊中，會有損身心健康。做個文化鬥士，不是贏得一次遭遇戰，就完成了使命；而是要有強健的體魄，長期奮鬥下去，才能達成任務。於是，我寫封信勸勉他，要保持心境平和，培養充沛的智力與體力，才能在文化的逆流中作持久戰。並寄給他三本拙著詩文集，以增進情感交流。

前幾天又收到他寄贈《流韻的土地》詩集，並附函陳述，他閱讀我那三本詩文集的感受：「我們不但有相同的詩觀，也有相同的思想，相同的秉性。」我讀他的詩文亦有同感。海內存知己，今日得心靈相會，我非常高興。他在來信中表示，希望我為他的作品寫篇評論。既為知己，義不容辭，我該說出心裡的話。

學忠先生寫詩三十年，作品達數千首，有很多已在詩刊及報章雜誌發表，獲得不少詩評名家的肯定與讚揚，使他崛起詩壇，名聞遐邇。為現代詩樹立新風格，為詩人塑造了新典範。他以詩表達社會大眾的心聲、渴望與希求；他以詩撻伐貪官污吏，啓發其良知良能；他以詩宣揚國家民族的前途，傾訴自己的理想；他以詩描繪心靈的伊甸園、香格里拉、桃花源。他的詩不是幻想，是實踐理想的藍圖，他偕夫人，正在不眠不休的照圖施工，已有所成就，我謹致虔誠的祝福！

學忠先生的詩，是純正的中國現代詩，沒有時下流行的什麼主義、什麼派的色彩及迷人的花招。他的詩有意象而不朦朧，是寫給社會大眾看的，人人看了就心領神會，能引起讀者的共鳴，茲舉〈照相機〉這首詩為例：你的確風光過／陪著首長考察／陪著首長赴宴／首長露臉／你也露臉　長江，長城／黃河，黃山／你的功績／寫滿大江南北／與首長的偉大相連　不過，當你退下來之後／若大的肚囊內／留下的，或許／只有一腔發不出的悲嘆　一看便知，他是在揭發一些不關心國計民生的政府首長，浪費公帑，帶著部屬遊山玩水，以激發社會大眾同聲譴責，遏止歪風，澄清吏治。

他的詩簡潔清新，沒有廢詞贅語而寓意深長，發人連想。我們看〈根治腐敗〉這首詩：絕育　一首只有兩個字的詩，說明了腐敗風氣的普遍與盛行，無法阻當，根絕無望，也表達出他深沉的憂慮與百般無奈。

由於科技發達，物質文明駕馭精神文明，使人類的物慾快速上升，形成一種以腐敗為榮，守正為恥的歪風，正在席捲全球已開發國家及開發中國家，各國政府還在鼓勵消費，推波助浪，無視於人文生態與自然生態，相激相盪惡性循環，人類已面臨生存危機，卻不關心。我們這些堅守倫理道德，醉心經營人類永續生存與發展的文化邊緣人，將如何自處！

我百思無良策，只有奉勸學忠先生，放鬆心情，放慢腳步，將生活過得自在些。我們矢志竭盡所能，鞠躬盡瘁，即無愧無憾，不必自責。旋乾轉坤，非我等力所能及。聖人啓示我們：誠意、正心、修身、齊家、治國、平天下，是為人自我提升的階梯，我們相互勉勵，盡力而為吧！

二〇〇二年八月十四日寫於台北自宅

今年新春文薈的「建議事項」

中華文化復興運動總會，多年以來，在春節期間，總統以會長身分柬請文藝界人士，參加「新春文薈」歡聚聯誼，我很榮幸亦受邀參加。在請柬「回函」上有建議事項欄，每年我都謹呈建言。

今年「新春文薈」於二月二十二日下午二時，在圓山大飯店十二樓大會廳舉行，我遵守時間出席，並在回函建議事項欄呈上於下建言，以克盡國民之職責，毋負總統之厚愛：

敬請執政當局，竭盡全力融合族群，團結奮鬥，自立自強，走中華民國的路。不抱美國大腿，不投日本懷抱。兩岸和平共存，互惠互利，以三民主義統一中國，向安樂的大同世界邁進！

閱讀中央日報半世紀

——響應訂閱中央日報運動

國民黨秘書長林豐正先生，三月十四日在高雄市說，中央日報是代表國民黨的報紙，黨員都應該訂一份中央日報，使中央日報成為全國第一大報。中華民國新聞評議會，多次評選中央日報是全國最佳報紙，也可說是代表中華民國的報紙，值得每位國民同胞訂閱。我閱讀中央日報五十餘年，隨著中央日報成長，受惠最多。公職退休後，我已連續訂閱中央日報十年，有生之年我都會訂閱。

林秘書長號召每位黨員訂閱中央日報，使中央日報成為全國第一大報，我舉雙手擁護，並以行動表達我的真誠：我由郵局劃撥三萬元，訂閱中央日報十份（一年期，起止日期請報社自定，並請分送未訂閱中央日報的機關、學校、人民團體或圖書館）。我任公職三十五年，都是為榮民服務，深知榮民黨員大多貧困，愛國、愛黨、愛台灣，力不從心，有說不出的苦衷。

使中央日報成為全國第一大報並非難事，只須連主席敦請黨國元老聯名，發起全黨同志訂閱中央日報運動，自己率先多訂閱，促請各級黨工、民意代表、縣市長、行政官員及社會人士響應，必能掀起訂閱中央日報熱潮，使中央日報發行量增加，品質再向上提升，向前邁進，必能成為全國第一大報！

（原載中央日報九十二年三月二十日全民論壇）

不堪回首憶當年

承宗兄：

全家好！

近一年来，您的身体好点了吗？大嫂及全家都好吗？甚念。

首先，告知您一个不幸的消息，吾夫友荣已于农历九月初十早晨五点去逝，至写信时已过"五七"。现在我一人孤孤单单，甚为凄苦，想到大哥对我的恩情，所以写信告知；目前，我还是准备一个人单过，儿子虽多，但相互扯皮，免得经常口角。我身体状况现在非常差，经常头昏，走路也要柱拐杖，可能不久也将离开人世，想到大哥对我的深情，我真舍不得离去。今天，您是我唯一挂念的人，这些话只有跟您一人谈。您身体不好，请不要耽心我的事，我会安排好自己。总之，我只有一个心愿：希望您身体健康，家庭和睦，生活安康。不多谈了，请代我问大嫂及全家问好。

礼

晓兰字

2002.11.18

明星纸品　204—08　20×20=400　第　页

大哥：

来信及钱巾均已收悉，你的情意，你的关照今生不能回报，只能待来世了。你身体不好，要好好调养，不能光顾着写书看报。我想你们的年岁已高，又没有什么大的经济来源，就不要再寄钱了，情已埋在心理，就是生活再苦也是甜的。

目前，儿媳们还算孝顺，我情愿单独过生活，夜晚有小孙女陪伴一下就够了，单过自由，免得有的事情嗑嗑碰碰。生病时叫他们买点药就可以了，到动不得的时候再说。

请代我向大嫂及全家问候，祝你们天天快乐。

礼

妹：晓兰字

2003.7.18.

（這封信是她收到我寄給她的過年壓歲錢寫的）

20×16＝320　第　页

曉蘭：捧讀來信，知妳目前處境，我心裡很難過。妳八歲來我家，我也才九歲，青梅竹馬形影不離，本是美好姻緣，卻因國難被逼分散，一別四十餘年，再見如隔世，我們都有說不完的辛酸與苦難。

於今，妳有喪夫之痛，疾病纏身，行動不便，子女無力奉養照顧，我愛莫能助，深感愧疚。茲滙上人民幣一千元，給妳維持生活。對子女多鼓勵少責備，凡事想開些，往好處想，心情才會輕鬆，有益健康，請多保重。敬祝

安康

承宗
二〇〇二年十二月四日

備註：我本名承宗，從軍後改名洋萍。曉蘭久等我未歸，母親將她嫁出後，我們就以兄妹相稱。

李明馨詩友來信

尊敬的汪洋萍先生：您好！

多想和您说上一会儿话，您的慈爱，您的关心，您的叮咛，是明馨永远都听不够的啊。每一次相见都是那么地愉快，留下那么多美好真挚的回忆，让我的心中经常回荡着灼热的暖流，与您在一起，就是读一本精致的书。

去年调整了房屋，我又换了一套，110平方米，因为是福利房，花了不到5万元，结果装修花了5万多，再加上添置东西，将近用去了10万元左右。因为是多的7楼，有楼梯上8楼，所以，楼上的平台属于自己了，就有一个单独的门，所以楼上搭了两间房屋，一个休闲房，一个贮藏室，另外有一个卫生间，然后搭了一个大花架子，栽了一些藤类植物和四季常青的花卉，喂了几条金鱼，一年四时有花开，有芬芳。现在，我常常和先生在楼顶品茗，聊天，锻炼身体。十分惬意和潇

走了。

女儿今年上班了，在电信营销公司做事，22岁的女儿，出落得漂漂亮亮的。孩子做事认真、仔细，生活上没有什么坏习惯，在今天的大陆，女儿算得上是大家闺秀了，稚雅、水灵，让我十分省心。

儿子前年升入重点中学的，非常好的运气，他是微机排位进入的，否则的话，他要择校读这所中学，需花1.5万—2万元左右。没想到升入中学后，各方面发展十分良好，深受老师和同学喜欢，13岁入团，连续2年被评上优秀学生干部，各科成绩排名在全班（72名学生）前10名内，年级排名（355名学生）前30名以内，今年是他最关键的一年，如果保持在这个水平，明年的四月，他就可以免试中考，直升这个重点中学的高中重点班。孩子的一切真的让我十分欣慰，我带给他太多的困难和不幸，而孩子成长得这样好，让我真的不知该说什么好，我很感激他。

去台湾一趟，我也只待了十天左右，因为我也有工作，另外不能给大姐和姐夫添太多的麻烦，来回的机票都仅在台湾用，我要计划好，切记不要添太多的麻烦。

蓝云先生是我的恩师，在未曾相见一面时，曾欣然提笔给我的二本书写序。恩师关爱我的点点滴滴，我从来没忘记，也不能忘记，他坚持数年为我寄赠他办的刊物，让我十分感念，得知恩师目前的一切，我真的几天没有睡好觉，不知我该怎么办，所以特别想给您通一个电话，请教一下明蓉该怎么做，我现在在这边，对这件事真的是徒呼无奈了，这让我心里愧疚得很。

许多时候，当尘世的喧嚣纷扰我的内心时，让我静下来，想明白名和利与人的品性和创作孰轻孰重时，您的身行，大胆的慈爱，恩师的君子之风就时在心中一一闪过，只要如此沉思默想一会儿，我就会静下心来，知道自己该怎么做了。我很感激这么多年，您们给予我的挚爱和深情，我是铭记于心。

从电话中得知您身体康健，全家平安，我真的为您高兴，为您祝福。

很想早一点看到您们，让我们期待吧！期待一个美丽的季节，那时我要用心去感受一切，用情去涵盖一切。

祝全家健康平安！

祝好！

随信寄上我和儿子的近照。

学生：明璐

2003.3.28.

一位有傳統美德及新思想的女詩人

明馨詩友：來信及所附照片均收到。回憶十年前，我們在成都第一次見面，妳牽着聰明伶俐的五歲兒子，已是品學兼優的英俊少年。妳在來信中自責：「我帶給他太多的困難和不幸，而孩子長得這樣好，我很感激他。」妳兒女的傑出，是妳身教言教累積的成果。當年聽妳訴說所遭遇的不幸，妳憑智慧、毅力及不屈不撓的奮鬥，克服了重重困難，開創了亮麗的一片天。妳是位孝女，在困境中奉養父母。是位賢妻良母，把家治理得好，子女教養得好。又是位盡職負責的優良幹部，承辦老人福利工作，務實執行福利政策，使千萬老人受惠。令我敬佩！

中國文藝協會 敬贈

頁

25×10=250

藍雲先生因夫人患重病，近來沒見過他，我撥三次電話，要轉告他，妳對他的謝意與關懷，電話撥通沒人接，俟見面時，我再為轉達。我和涂大姐常見面，她忙着編《秋水》詩刊，最近又要出版《泱泱秋水》詩選集及《詩人的畫像》專集。她健康狀況良好，請勿掛念。我們也談到妳來台訪問的事，因海峽兩岸SARS疫情大流行，行程可能要往後延，俟開放限制定能成行，我們切盼這一天早日來到！妳心中有過量的責任感，肩上有沉重的負擔，請多保重。敬祝

闔府安康

汪洋萍敬書

二〇〇三年四月廿四日

頁

中國文藝協會

25×10=250

覆就讀福州大學堂姪的信

志發：來信收到。肺炎多是急性，及時治療很快就好，不會有後遺症，想必你已病癒出院。你母親患腎炎，多屬慢性易生併發症，需長期療養，囑你妹妹多加照顧。

人生時時都在面臨挑戰，自嘆命苦，怨天尤人，於事無補，只會使人頹唐喪志。我十三歲開始做童工，在苦難中成長，從死裡求生，才能活到今天。修碩士不是那麼重要，重要的是終身學習。碩士擺地攤、打臨工、作遊民，海峽兩岸都有。你要堅強地面對現實，克服困難，以謙卑、誠實、助人廣結善緣，你的前途是光明的！祝你健康、快樂、學業進步！今鄭滙人民幣一千元給你應急。

伯父
二○○三年四月廿一日

中國文藝協會

頁

25×10=250

卷四　一路走來

幸福的童年

我很幸運，出生在一個世代務農的小康之家，又居長子、長孫的地位，自幼備受寵愛。祖父飽讀詩書，想考秀才未及應試，終身以耕讀為樂，敦親睦鄰，與人為善，熱心公益，享譽鄉里。父親繼承祖業，農閒時受雇做茯苓加工師父，或做點肩挑小買賣，終年辛勞，為人和善，與人無爭。

我弟妹眾多，幼年常伴在祖父母身邊。祖母抱著我講故事給我聽；祖父教我識字，握我手描紅學書法。七歲正式啓蒙讀書，祖父只教我一個人，按時上下課，兩年讀完三字經、論語、大學、中庸、孟子、朱子家訓、幼學故事瓊林。祖父一句句朗讀，我跟著唸，至我能背誦，再作講解。祖父雖疼愛我，卻是一位嚴師，為我奠下一些國學基礎。在教朱子家訓時，要我力行實踐，循循善誘，身教言教，使我養成一些好的生活習慣，遵守為人處世的原則，把握人生的方向及發揮進取的精神。

我九歲那年，抗日戰爭爆發，我們家鄉在這年創辦了短期小學，校長和老師都是我們汪家受過新式教育的長輩，祖父送我入學就讀。新課程、新教材、新的教學方法，我感到新鮮有趣而輕鬆愉快，也學到一些新的知識，有了新的觀念。課餘和男女同學玩在一起，我開始學習交友及與人相處之道。

兩年後轉讀縣立模範小學，不久改名黃石鄉示範中心學校，我讀五年級。這時日軍大舉進攻大別山區，將我們的四鄰各縣包圍封鎖，國軍第四十八軍駐守我們岳西縣境內，軍民都進入備戰狀態。我們的縣城已遭日機兩次轟炸，日軍雖逼近縣城，因地形險要，車輛無法進入，易守難攻，因此，我們家鄉未曾淪陷。我們學校童子軍團依身材高矮，編為四個中隊，高年級同學有的已成年結婚，我是五年級年齡最小，身材最矮，被選為第四中隊長。童軍課程改為軍事訓練，以童軍棍代替步槍，學習戰鬥技能，講習傳遞情報，保密防諜，排演愛國話劇，出外寫抗日救國標語，以支援部隊作戰，激勵民心士氣。有一天，學校標語隊在我家門前幾十尺墻上，用白石灰水，橫寫一幅大字標語：前方將士把命拼，送雙布鞋表寸心，布鞋送上前方，將士必打勝仗！母親問我，墻上寫些什麼？我說給他聽，母親熬夜做了兩雙布鞋，交我送到學校勞軍團去勞軍。

中隊長輪流值星，指揮全體學生集合排隊，擔任總理紀念週及升降旗司儀。我五年級開始在學校住宿，一間大宿舍在教室的二樓，有住宿生五六十人，我被選為室長，負責就寢前清查人數，熄燈及維持秩序。曾多次未先告知演練夜間空襲避難，由童軍教官指揮，演練完即集合獎評。

六年級那年春節，我去叔外祖父家拜年，叔外祖父是位開明的秀才，去世多年，外婆健在，我們兩家情誼深厚，我姐姐與她家的二表哥是指腹為婚，十二歲那年過門，兩家相隔二十多里，姐姐很少回家，我非常想念，外婆和姐姐都留我住幾天。我住在叔外祖父書房，室內除了一張單人床，一張書桌，兩張椅子，四壁都是書櫃、書架，擺滿古今典籍。我翻閱到三民主義、實業計畫、孫文學說，都愛不釋手，關起門來拜讀，讀完這三本書，雖不明其精義，都知其大意，是福國利民寶典，從此成為 國父信徒，影響我的一生。

家庭和學校給了我幸福的童年，奠定了我人生的基礎。

苦難的少年

抗日戰爭淪陷區日漸擴大，日軍已逼近我們家鄉，對外交通完全被封鎖，駐軍生活所需，全由本縣供給，我們繳納的稅捐及農產品，超過全家的生活費用。祖父母年老體衰，我的六個弟妹均年幼，生活重擔全落在父母身上。父親耕幾畝水田，種幾分旱地，農閒時做點茯苓加工或肩挑小買賣，終年為生計操勞，生活陷入困境。母親要照顧我幼小的弟妹，料理家務，還要辛勤種菜補糧食的不足，飼豬養雞以補貼家用，時常績麻紡紗做針線至深更半夜。父母的勞苦，我看在眼裡痛心裡。

我十三歲小學畢業，為減輕家庭負擔，我放棄升學，到伯祖父家的造紙廠學晒紙。當時因日軍封鎖，所需紙張全靠本地製造，造紙業成為新興事業。從前學撈紙、晒紙三年才能出師，我只學了三個月，就能配合一位撈紙師傅作業，可以依刀數（一刀一百張）計酬，每月工資相當兩個一般工人收入，使我們家庭生活獲得改善，減輕了父母肩上的壓力。

以手工造紙的紙廠，俗稱水火二牢。嚴寒的冬天，撈紙師傅的雙手，整天在盛滿冰冷紙漿的水槽裡撈紙。炎熱的夏天，晒紙師傅要緊閉門窗，在悶熱的室內晒紙，一張張濕紙貼上燒熱的焙壁，一團團熱氣迎面撲來，終日受熱氣和高溫熏烤，每天工作十多個小時，其中滋味，非親身感受，是難以體會，賺得的錢真是辛苦錢。是我踏上人生旅途的第一次考驗。

我在紙廠工作了三年多，家庭經濟漸入佳境，我對未來有美好憧憬。突然傳來日本無條件投降，抗日戰爭獲得最後勝利，軍民欣喜若狂，我為國家慶幸，同時又心有隱憂，因當時已有共黨份子在進行地下活動，喊出不征兵、不納糧、不收稅的口號，以籠絡人心，是激發內戰的徵兆。隨著勝利的歡聲，外來紙張進入縣城市場，物美價廉，本地紙廠紛紛歇業，我跟著失業。這時我興起升學的念頭，拿起書本溫習功課。不久，伯祖父家抗戰前與人合夥在漢口經營的茯苓行，計畫復業，大伯父想帶我去行裡做學徒。茯苓是本縣特產，是有名的中藥材，我們家鄉幾個大地主和一些有錢的人，都是種茯苓或做茯苓生意起家，父親很贊成我學做茯苓生意。民國三十五年元宵節後，我隨大伯父去漢口同春茯苓行做學徒，步上我人生的又一新旅程。

大伯父是個讀書人，是很有名望的鄉紳，一向對我很好，常在別人面前誇獎我，所以父母很放心，讓我遠走他鄉，在大伯父身邊學習，能闖出自己的一片天。做學徒只供吃住沒有工資，靠住行客人給點小費。學徒的出路是做外務員，找買客上門談生意，做買主、賣主的中間人，為他們討價還價，交易成功，茯苓行依成規抽佣金。第二條路是做賬房先生，也就是會計工作。都須歷練三年才能出師。學徒的工作繁雜，如侍候行內主管及職員，照顧住行賣客及上門的顧客，跑銀行、錢莊取款、打掃清潔。大伯父年逾六十，身體瘦弱，視力模糊，我要多照顧他的生活起居。他是行裡負責人之一，職掌財務經理，也須我從旁協助。我該做的能做的都盡心盡力去做，得到不少實務經驗，也獲得一致好評。

同春行是個老字號，從事茯苓加工產品的大宗買賣經紀業務，信譽卓著，名聞遐邇。有些貨主，從陸路或水路托運寄行代售，並可貸款以應急需。復業之初，業務蒸蒸日上；但好景不常。隨著政局不安，戰火燎原，交通運輸阻隔，法幣快速貶值，市場日漸蕭條。我的日常工作跟著減少，我利用餘暇閱讀，充實自己，增長見聞。心中卻有失業的危機感，也為同春行的事業及國家前途耽憂。這時大伯父因身體不適，返回家鄉休養。

不久，我也感到生理反常，食慾不振，嚴重便秘，當時只顧自修，並不在意，只到小診所去拿點瀉藥吃，解決便秘問題。病情日漸嚴重，雙腿向上浮腫，我去漢口最大的博愛醫院門診幾次，吃藥打針無效。我又換了幾家中西醫診所、醫院診治仍不見效，病情日趨嚴重。延至三十六年農曆三月間，已行動困難，不能站立。每次看病我都請問醫師，我患的是什麼病？每個醫師說的不一樣。給我看病的最後一位醫師，知道我是外地人，勸我回家休養。我心裡明白，他是叫我回家等死。我的心情很平靜，並不畏懼。心裡想，看了那麼多醫師，最有名的博愛醫院也診療數次都無效，可能真的是患了絕症，也只有聽天由命了。

這時行裡有兩位從家鄉來的搬運貨品的長工，因工作少收入微薄，要辭工回家，他們都是我的同姓長輩，平常對我很好，樂意帶我回家，我也說明要給他們應得的報酬。他們選購一副好的擔架，抬我到碼頭，背我上船，坐半天船再上岸，要走三百多里路才能到家。他們平常搬運用木桶或木箱裝的茯苓成品，每件都在百斤以上，近處用手抬，遠處用肩抬，抬擔架是駕輕就熟。那種微波起伏的節奏感，使我睡在擔架上感到很舒適。時值春光明媚，平疇綠野，鳥語花香，使我忘了病痛，揮去死亡的陰影。傍晚住進路邊的小客棧，我已感到飢餓，晚餐吃糙米飯，配青菜豆腐、蒜葉蛋花湯，睡得特別舒服。第二天早起，每人吃碗青菜煮刀切麵，我還買了幾個饅頭帶著上路。前三天走的是鄉村平坦小路，後三天都要翻上越嶺，兩位長輩抬著我，呼吸迫促，大汗淋漓，我看了心裡過意不去，又無可奈何，只有銘感在心，永誌不忘。我回到家時，已能扶著墻壁行走。

回家後未求醫服藥，身體很快就恢復健康。後來，我習醫從事醫護工作，才發現我當年患的是「脚氣病」，是體內缺乏維他命B1所致。中西醫師們一再為我診斷，竟未發現，令我不解。回想我發病的那年冬天，我們行裡的伙食，吃的是上等白米、鹹魚、鹹肉、醃鹹菜、豆腐乳，少吃青菜；我因工作少，大部分時間都在看書寫字，很少出門，缺少運動，都是致病原因。

這次回家，大伯父送給我不少營養品，又當面對我獎勉與鼓勵，希望我早日康復回同春行。等秋收後他處理好家裡和我們汪家祠堂的財務問題，他也要回去。他又說，國共正在和談，只要政局安定，生意就會好起來。這時候，共產黨已展開地下宣傳活動，喊出「保護民族資本家」口號，安撫大地主和有錢人。我六月底回到同春行，行裡只剩下五名員工。他們都是幾個大股東的親信，要守住這個門面，還有很多存貨，尚有零星買客上門，可以穩住貨主的信心，以待轉機。不久，家鄉來人說，共軍已佔領了我們岳西縣，隨即展開清算鬥爭，大伯父被集體屠殺，有屍無頭共埋一坑，他們七兄弟都被掃地出門。大伯祖父的第五個兒子，在江南讀池州師範時加入共產黨，畢業後返鄉，在土共游擊隊當小隊長，國軍清鄉搜山被捕，拒絕投降，臨刑時還高呼共產黨萬歲。他那「慷慨赴義的愛國熱忱」，沒想到全家遭到如此悽慘的回報！他留下寡妻和一子一女，等到妻、子死亡後，才獲得平反，他的孤女獲得烈士遺族撫卹，他若地下有知，不知是悔恨，還是感到安慰？伯祖父家慘遭不幸，我悲痛萬分，耿耿於懷。

凶險的青年

三十七年元月起，我代理管帳兼出納，行裡節省開支，尚能收支平衡，年底經理和幾位股東開會審查營運業績，還一致通過發給我每月十二元銀元薪資。我還是學徒身分，能給我實習的機會，我就會很高興，未曾想過要領月薪。這筆外的收入，給我很大鼓勵，使我對未來充滿信心。我將這筆錢，與路經漢口去廣州的遠房叔祖合顆買了一千多斤桶裝高級茯苓加工品，由他帶運廣州忠信行出售（他是該行資深行員）。政局急速惡化，戰火已延燒到武漢邊緣，人心惶惶。行的業務已經停頓，經理也做最壞打算。我電請在廣州的叔祖為我找工作，很快就收到他電報，說工作已找好，要我即速赴粵。我向經理和兩位同仁揮淚告別，提著簡單行李，乘粵漢鐵路火車直奔廣州，車站人潮洶湧，大多數是荷搶實彈的軍人。我很幸運，在爭先恐後的人潮裡動彈不得，兩位好心軍人前拉後推把我擠上車，真是行行有好人，處處有好人。

我到了忠信行，與叔祖見面後才知道，他託人為我找的工作，要我到惠陽監獄與介紹人見面，再為我安排，叔祖要我放心，介紹人會好好照顧我。當時我心裡有些疑惑，監獄裡能有什麼工作適合我呢？我悶在心裡，第二天就去惠陽。我拿著叔祖的信，見到那位警衛科長，是位英俊青年，他熱忱親切地接待我，使我受寵若驚。為我在他的辦公室安排一套桌椅，陪我去小館子用餐，在他的寢室為我擺張床，說先讓我休息幾天，卻未談工作。

科長每天忙進忙出，我坐在辦公室看書看報，有時到大院子裡走動，看到一些拖著腳鐐的服刑人在勞動服務，那種神情，我心有戚戚焉。第三天，科長拿一張派職公文給我，我的職務是警衛班長，月薪港幣八十元。我當時對科長說，我未受過軍警訓練，又不懂廣東話，無法勝任這份工作。科長說，我們的獄政辦得很好，服刑人都很安份，你不必擔心，慢慢就會適應。科長的盛情難卻，我只得默默地接受。茶餘飯後，他常跟我聊天。他說他祖父與我叔祖是同輩的遠房兄弟，我們倆也是兄弟輩。他家也作茯苓生意，兩家情誼深厚。他祖父任蕪湖高等法院院長，這裡的典獄長是他的老部下，這裡的情勢比較安定，所以把他交給典獄長隨身栽培。這種種情形，叔祖曾向我提過一些。

又過了幾天，我總覺得從長輩的情誼中受惠，支薪不做事於心不安，又怕會連累汪科長，如是我婉轉的向科長説，我想辭職回廣州另找工作。科長給我嘉勉與鼓勵，又説，我們的薪資是月中月底分兩次發，再住幾天領半個月薪再走。我説，忠信行我還存有一點茯苓，目前生活沒問題。我提上辭呈，一再道謝，當天回到廣州。叔祖感到驚訝，我向他説明原因，他也贊成我的決定。

第二天上午，行裡來了一位穿軍服的客人，叔祖為我介紹，他是忠信行老闆的女婿，安徽省太湖縣人，六十四軍一五六師軍醫組主任，師部就在這附近。我抓住機會請他在軍中找份工作。他為人豪爽，問我的學經歷，我據實以告。他説，我們軍醫組有個上士衛材軍士缺，你願意幹今天下午就可跟我太太的表黃強一起去師部報到。

真是喜出望外，好像冥冥中有神明為我安排好，我若遲一天回廣州，就沒有這個機會。下午黃強持著傅主任名片，來忠信行帶我一道去師司令部報到，他的職務是准尉獸醫。我們辦好報到手續，領了個人裝備，有人領我們到宿舍分配床位，換上軍服，已到晚飯時間，就去餐廳用餐。我早有從軍理想，因各種條件都不夠，於今總算實現了，喜上心頭。

睡到半夜，哨子吹得很急，接著發出口令，要大家攜帶武器裝備到操場集合，我以為是夜間軍事演習，跟著隊伍走到碼頭，上了一艘大型登陸艇，走進船艙，依指定位置坐下，聽候命令。不知是演習還是換防區。天亮後看到我們的船在大海洋裡乘風破浪。這是我平生第一次乘船在大海上航行，覺得自己像海洋裡的一葉浮萍。於是將自己改名汪洋萍（本名汪承宗、乳名根基、別號鞏固，都是大伯父給我取的）。直到我們的登陸艇停靠在海口碼頭，才知我們已到海南島。

上岸進住師部營區，就開始工作。軍醫組有一位主任、兩位軍醫、一位獸醫、一位司藥和我這衛材軍士，還有一位勤務兵。我的職務是協助司藥收發保管藥品及醫療器材。師屬各團及直屬單位所需藥品及醫療器材，是向軍部申請領取，再分配轉發各團及師部直屬單位。常用的藥品器材約有二百餘種。軍醫處方、申請表、報請核銷的報表，藥品都是用原文，醫療器材可用中文。我先從英文字母學起，背寫藥名，自修藥物學，熟記劑量表、極量表、配伍禁忌表等，很快就進入情況，能協助司藥作業。因土共頭目馮白駒，盤據五指山區，他的部眾常流竄各地，擾亂治安，偷襲國軍，為清剿土共，師部時常移防。

我到海南島後，一直與叔祖保持書信聯絡。忽然接到叔祖來信說，共軍已攻佔廣州，市內混亂，忠信行被洗劫，我們的存貨也被搬走。他已無處棲身，日內要離粵返鄉。悲憤何益？我更加認真工作，努力進修，不久調升師部衛生連准尉司藥。衛生連是個小型的後送醫院，因師部直屬的警衛營、師部連常隨師長上前線，與馮白駒的土共作戰，負傷官兵都送來住院治療。醫護人員不足，我也常自動參與醫護工作。

軍事情勢快速惡化，師部人事調動頻繁，至三十九年元月，我又被調回軍醫組任少尉司藥。因土共猖獗，為加強戒備，副參謀長每天集合司令部的八十餘名軍官，實施編組戰鬥訓練，駐守四周的機槍陣地及砲陣地，以保衛師部。每人發一支步槍六十發子彈自衛，準備作肉搏戰。四月中旬，林彪部隊從雷州半島向海南島沿岸進攻，與馮白駒的土共裡應外合，在海岸線的幾個據點搶攻登陸，國軍奉命撤退來台。

在撤退過程，我歷經艱險。當時，我們師部設在第四軍防區內的一家大祠堂裡。師長、參謀長在前線作戰失蹤，副師長不知去向，第四軍在大撤退，到處響起爆炸聲，煙火瀰漫。我們師部各單位主管，群龍無首，各自隨著第四軍撤退，師部最後剩下第四科一位軍械員和我兩個人。他要守著大批的軍械，我要守尚存的藥品和醫療器材。他是位上尉軍官，很老練，很照顧我。他說，我們也要跟著他們大部隊走，你去收拾一下該帶走的東西，我將門口那幾尊大山炮的重要部分撤下埋起來，使它成為廢鐵。我們要趕快走，以免落單。撤退的部隊很零亂。我背個十字囊，裡面塞滿急救藥品及裹傷敷料，一枝步槍和六十發子彈及兩套內衣。我們擠進別人的隊伍裡跟著走。經過的是山丘小路，荒無人煙，偶見幾間矮房子，也是空屋無人。有錢買不到東西吃，只有找點瓜果野菜充飢。日夜行軍，疲累就地倒臥休息一會，走了兩天兩夜，到了一個碼頭，副師長及師部官兵有部分陸續到達，軍醫組全部到齊，大家都集在沙灘上，碼頭邊停靠了一條大商船和一艘大登陸艇，我們等候命令上船。

第二天，我們上了那條大商船，船已滿載，我們被擠在舺板上，船開離碼頭。等候撤退部隊到齊上了登陸艇，再一起啓航。突然槍砲聲大作，砲彈落在我們船的附近。不少人槍著上登陸艇被擠落海，有些上不船的人向船上開搶，亂成一團，倉卒中啓航驚險萬分。在海上漂泊八天八夜，先奉命在高雄港上岸，在港外、港內停留一天，又奉命到基隆港上岸，中途改由花蓮港上岸。在登岸入口處，要一個一個接受檢查，槍械武器一律收繳，如同俘虜。事後才知道，當我們的船在海南島啓航時，一位高級將領是潛伏的匪諜，向最高當局告密，說六十四軍的兩個師已經叛變，請派軍機將我們的船炸沉。六十四軍是廣東部隊，軍長張其中和兩位師長都是廣東人，當局徵詢薛岳將軍意見，薛將軍以身家性命保證他們的忠誠，我們才逃過一劫，差點成了海上冤魂。

在那危急存亡風雨飄搖的時刻，軍方仍戒慎行事，以策安全。我們上岸後，將一五六師師部官兵送往富里國小暫住，幾天後又載往鳳林鎮安置。接著部隊進行整編，將六十四軍的一三八師及一五六師，改編成獨立六十四師，軍長改任獨立師長，我編到師部衛生營任少尉司藥。醫療連長中校，另有一位中校軍醫，兩位少校、一位上尉軍醫，有六位年輕女護士，是從海南島跟部隊來的。因無戰爭，編製士兵又不足額，醫療業務輕鬆，生活安定，我開始用功自修，時常向那位中校鄺醫官請教。鄺醫官是醫學院畢業，國學根柢好，寫得一手好字，是位儒醫，為人和善，當他知道我想考國防醫學院專科部，主動借一部醫師典和一本生理解剖學給我，指導我重點閱讀。我邊讀邊作筆記，頗有心得，增加了我應考的信心，對未來抱著美好的希望。

真是造化弄人，一波剛平，一波又起。獨立六十四師，突然改編成七十五軍六十四師，衛生營和醫療連全部編散。有的編到師管區，有的編到團管區，大部分編到軍官隊，我也在其中。潑我一頭冷水，使我打起寒噤，也更加堅定我讀國防醫學院的理想。四十一年我報考國防醫學院，接受體檢發現患了兩側中型活動性肺結核病，有如晴天霹靂，一度使我心灰意冷。接著安置隔離療養。又送至新成立的陸軍第一肺病療養院住院治療。經冷靜思考，我還年輕，習醫、行醫的希望破滅，只有安心住院療養，俟身體康復再作打算。

在療養院住四年多，在療養期間依規定辦了假退役，支少尉八成薪。住院期間時光也沒虛度，醫院有閱覽室，我每天讀書看報以增長見聞，也漸漸對文學發生興趣，喜歡看文學刊物。我又買了一台中廣牌收音機，聽電台的空中教學節目。病情穩定，從醫院調到療養隊，我開始為就業作準備。四十六年這一年，我參加全國普考普通行政人員檢定考試及格、台灣省政府教育廳舉辦的初級級任教員試驗檢定及格，並隨即派往南投縣竹山鎮瑞竹國小擔任三年級級任。當老師也是我的志願之一，我很高興地前往報到。

瑞竹村在深山僻野，每逢大雨，對外交通就被山洪阻隔。校長家住南投，每週住校五、六天，和我住在同一棟有兩間日式榻榻米的小臥室，其他教職員都是本村人。只有兩位女老師比較年輕，其他都在中年以上，是受日本的養成教育。他們對我都很友善，很客氣。校長辦事很認真，每天上課前先開會報，或有所指示，或討論老師們的意見。月考、期考各班級老師，相互出題、監考、評分，以達教學觀摩的效益。瑞竹村出產優質竹材而得名，滿山遍野都是竹子，綠意盎然，美不勝收，真是修心養性的好地方，而我無福享受。

我們學校的宿舍，距離村裡唯一的小街，約二、三百公尺，我每天三餐到街上小館子吃，帶熱水瓶裝開水回來，衣服自己洗，這一切我都能適應。最大的難題是學生成績太差，不受教導，我是本學期第三位老師。我在會報曾請教過校長和老師們，我們三年乙班學生的成績為什麼那麼差，又不守規矩？他們說不出所以然，也無良策。這次期末考，全班三十二個學生，各科平均成績六十分以上只有二人，有八人各科都是零分。他們不是智障兒，也不是自閉兒或過動兒，我百思不解。我想做家庭訪問，走了幾家，家長都很冷漠，我一籌莫展。其他班級學生的成績與操行都很正常，我怎麼能教下去？百般無奈！學期終了，我向校長提出辭呈，校長一再慰留我，我不為所動，並致歉意，校長含淚握別。

我回到彰化溪湖原住處，寫封信呈給國軍退除役官兵輔導會趙主任委員，說明我辭職的原因，懇請再給我一次就業機會。很快就收到輔導會的任職公文，派我到新竹山崎榮民就業講習所擔任司藥。我去報到所見，講習所是片新建的大型醫院房舍，暫時移作講習所之用，安置榮民員工近百人，製做髮網、尼龍及棉麻繩索和竹木用具。醫務室有醫師、司藥、護士各一人。因產品銷路不好，員工調其他單位安置，不久只剩總務組長、一個辦事員、兩名工友和我看守房舍。我向總務組長報備，有閒暇就去新竹市圖書館看書，為退除役官兵轉任公務人員特種考試作準備。我少尉軍階只能報考乙、丙兩種，我就報考乙、丙兩種衛生行政人員，均幸獲榜首。

四十七年九月一日，調任台東太平榮家護士。我雖無護士學經歷，經軍中歷練，對護士工作並不陌生。有兩位助理護士，都是海軍醫院資深護理人員，我們合作得很愉快。太平榮家剛成立兩年，收容老弱傷殘官兵五百餘人，有老少眷屬數十人，為敦睦鄰里，村民也可免費掛號門診。保健組有組長一人，醫師三人，保健員一人，護士和助理護士共三人，司藥一人。有十個病室設二十多張病床，像個小醫院。

我到職不久，就有一件使我驚喜的事，家主任在全體職員參加每週一家務會報上宣佈，要我擔任輔導會辦的「成功之路」月刊的太平榮家通訊員。其他單位是輔導組長或輔導員擔任，家主任在宣佈時，還誇獎我一番。我想可能有兩個原因：一、那次特考，榮家職員都有參加，公布錄取名單我列名兩個榜首，可能家主任也看到；二、我到榮家報到時，家主任要我寫篇自傳，我將家世，求學經過，工作經歷及理想抱負，實情實說，毫不掩飾，使他印象深刻。我擔任通訊員至離開榮家為止，趙主任委員曾親頒獎狀給我鼓勵。

我到榮家服務剛滿一年，發生一件影響我一生的「大事」。在榮家大門外路邊，一家五兄弟各自成家生活困難，一個十六七歲的小妹，幫鄰居做零工，養活體弱多病的老父和幼小的妹妹。她時常因小小外傷，來我們外科室敷藥包紮。她常找機會和我接近，我沒交過女朋友，雖已而立之年，收入微薄，沒有成家的本錢，故意避開。她是被稱「太平之花」的美少女，本村的青年，榮家的職員和輕傷殘就養的青年軍官都想追求她，她卻黏著我不放。我明白告訴她，我沒錢，現在月薪才三四百元怎麼結婚成家？她說，我可以做工賺錢，一天吃一頓我都願意。妳老父和小妹呢？老父跟我們過，小妹今年小學畢業可以做童工。我受她感動，我們交往漸漸公開，惹來鄰居女孩的嘲笑，親友的責罵，哥嫂們的反對、罰跪、鞭打，她堅定不屈。那些追她的就養軍官，對我粗暴威脅，驚動了上級長官，長官們護衛我。她的哥哥們終於同意我們的婚事。同事們借金項鍊、金戒指給我訂婚，邀互助會籌錢給我結婚。訂婚、結婚都是家主任親自主持，在榮家中正紀念堂擺設喜宴，完成了我們的終身大事。我們開風氣之先，村裡的女孩子和榮家的職員，相繼不斷的結成連李。

我十四歲至三十一歲這段時間，是從苦難中成長，在生死邊緣搏鬥。我面對現實，不畏懼，不氣餒，不投機取巧，平平實實地一切盡其在我。我不迷信鬼神，沒有宗教信仰，也不相信命運。只信仰孔子和孟子福國利民的儒家思想，崇拜　國父孫中山先生救國救民，要建設三民主義新中國以促進世界大同的理想。我從生活環境中體認到，互助互愛是求生存發展的唯一坦途，爭名奪利會使人陷入困境，也是人類社會的亂源。因此，我踏入社會與人相處，總是先伸出友誼之手，也都得到善意回應。在那顛沛流離的人生旅途，逢凶化吉，絕處逢生，而且能立業成家，對那些成全我的人和國家社會，我都心懷感恩，結草以報。

踏實的中年

政府為執行醫師法，嚴禁無醫師證照者，執行醫療業務，我們保健組的三位醫師，都無醫師證照，一位年長的自願退休，另兩位改調醫務員。因編制待遇太低請不到醫師，為解決榮民醫療問題，由兩位醫務員繼續為榮民看病，他們都擔任軍醫多年，有相當的臨床診療經驗。不久，我也調任醫務員，從事診療工作，執行業務自認並不困難，身為無證照醫師，心裡感到自卑，情勢所逼，無可奈何，只有勤加自修，認真工作。我們三人輪流值班夜宿保健組，有榮民、榮眷夜間叫看病，我們隨即出診，經診斷病情嚴重，送省立台東醫院急診處理，每天二十四小時兢兢業業為榮民服務。值得欣慰的是，我們經診斷送往台東省立醫院，或鳳林榮民醫院的病人，從未發生誤診。

五十一年，我參加甲種衛生行政人員特考及格隨即跳升委任一級，當年考績甲等，又升荐任年功俸。輔導會規定會屬單位，每年選拔優良人員一名報會須獎，我獲獎四次。為鼓勵會屬單位職員讀書進修，規定每人要寫讀書心得，各單位每年評選一篇送會核獎，我一連六年獲獎，後來停辦。

我在太平榮家任職二十二年，榮民員工都成了好朋友。看他們的子女長大成人，我都為他們看過病、打針、敷藥，他們都稱呼我叔叔。台東成了我的故鄉，比我在安徽岳西老家住的時間還長，鄰里鄉親都知道我，我們之間有份濃濃鄉情。台東縣政府舉辦徵文比賽，我得了社會組第一名。住台東二十二年，是我平生最安定的日子，留下美好的回憶。

我在太平榮家任職期間，歷經五位家主任，他們各有人格特質，各有行事風格，都會影響到全體榮民員工。使我深深體會到，所謂民主法治，成敗得失，主要還是在人治。因榮家編階的限制，委任一級我幹了十八年，每年考績甲等，卻無法升遷。後來，輔導會主動以荐任技士調會本部第六處，承辦安置榮民就養等業務。我隻身前往報到，借住單身職員宿舍，家眷仍留住台東。

國軍退除役官兵輔導委員會，編制有十五個處室職員五百餘人。會屬就業、就醫、就養、訓練、各縣市榮民服務、生產、建設等八十餘單位，業務範圍牽涉甚廣。我承辦榮民就養、就養榮民改調榮家、義務役士兵傷殘鑑定及安置等事項。最後這一項須會同國防部人力司及相關的軍種總部、省、市、縣市政府業務人員協商辦理，以求審慎保護當事人權益。所以我走遍三軍各醫院及許多縣市鄉鎮，並獲陸軍總部頒發弼亮甲種獎章。

隨著黨外人士發起的群眾運動風起雲湧，榮民的訴求愈來愈多。開放榮民回大陸探親，又產生一些新的問題。每天都有不少榮民要見主任委員，立即處理中心櫃臺人員視其訴求事項，通知主管處室派員會見處理。榮民受有心人士的鼓動與利用，成群結隊上街頭遊行示威抗議，與日俱增，有一次榮民集眾包圍行政院，主任委員因此調職。

我處理榮民書面陳情，或親自來會投訴及無榮民身分者訴求，無論什麼問題，以什麼語氣、姿態表達，我都盡心盡力為他們解決，或協助他們解決。如果如法不合，我不厭其煩詳加說明，表達同情與安慰。都得諒解，揮手而去。也有少數榮民、榮眷，一進門就高聲喊叫，又哭又鬧。我即上前很客氣的請他坐下，有話慢慢說，我坐一傍傾聽，記下要點，等他說完，我再回答他的問題。能辦的請他向有關單位申請報會辦理；不能辦的，我誠懇地依法、理、情加以解說，使他口服心服，再依有關規定，發給慰問金或車旅費。

榮民訴求的事項繁雜，很難使他們都能如願。在處理時要站在他們立場思考，以柔性安撫，不以強勢的爭辯，才能產生良好的效果，也可避意外事件發生，這是我的一點工作經驗與心得。我的業務很繁重，我收文最多一個月達一千七百多件。我每天七點鐘以前到辦公室，辦不完的帶回宿舍辦，例假也在宿舍辦公這樣忙碌的情形，長達五、六年之久。所幸我體能精神都很好，這是在青少年時期的艱苦工作中磨鍊成的堅忍性格，忙中不亂，份內工作能如期完成。我調輔導會工作，前三年考績都是乙等，後十年都是甲等。

我在輔導會任職十三年，從荐任技士、專員、升任科長，至屆齡退休，曾當選模範公務員。在職期間，各級長官對我的信任、栽培與獎勉，得同事們的協助與合作，使我很幸運的走完今生擔任公職的全程，我銘感在心！

我從民國六十七年開始，在中央日報副刊發表新詩，隨後在各大報刊雜誌發表不少詩文作品，退休前兩年將之結集出了兩本詩文集，也從此踏入文藝界，參加了幾個文藝團體，能使我暢抒所懷，為退休後鋪了一條寬敞的休閒之路。

舒暢的晚年

隨秋水詩刊同仁第一次詩之旅

我於民國八十二年九月一日退休，退休後家眷從台東搬來台北，三個兒女各自立業成家，我和老伴住在台北縣鶯歌鎮後火車站附近一棟五樓公寓的二樓，靠近鎮公所、郵局、銀行、菜市場，生活起居都很方便。不遠處有頗俱規模的林長壽紀念圖書館，後面登山步道可以爬山。鶯歌是台灣的景德鎮，有看不完的陶藝精品。對我來說，是理想的生活空間，到台北參加文藝活動，只有半小時車程，交通方便。

我退休不久，適逢《秋水詩刊》創刊二十週年，應哈爾濱市、北京市和西安市文聯邀請前往進行慶祝活動及文化交流，由主編涂靜怡小姐率領同仁組成七人訪問團，於八十二年十月二十日，由桃園國際機場飛香港轉機直飛哈爾濱，有幾位詩友在機場迎接，車過松花江勾起我童年唱「我的家在東北松花江上」那首歌的往事。夜宿呼蘭河畔的黑龍江省火電工程公司招待所，我們到達時已深夜十二點，熱騰騰、香噴噴的消夜等著我們，公司的陳總經理親自迎接，同桌進餐，熱情洋溢，倍感溫馨。

第二天在招待所大禮堂開歡迎會，為《秋水詩刊》創刊二十週年慶生，與會者百餘人，都是遼、吉、黑三省文藝團體的領導人及秋水的作者和讀者，一致肯定秋水對兩岸文化交流的貢獻。又開了兩次詩學研討會，我在會中表達我對詩的看法：關於詩，有些人將它說得高不可攀，深不可深，妙不可言；而我以為，詩只不過是以文字語言表情達意的方式之一。意象鮮活，隱喻高雅，言簡意賅是它的特徵；真、善、美是它的標準。無病呻吟的廢話，自欺欺人的假話，故弄玄虛的怪話，罵人的髒話，形諸文字都不是詩，起碼不是好詩。詩人不是化外之民，可以為所欲為，而應重視倫理道德，遵守社會規範。我的觀點，獲得詩友們一致認同。

在東北的五天行程中，參訪過哈爾濱火力發電廠及該廠的模範幼兒園，應邀參訪《詩林詩刊》及「哈爾濱文藝雜誌出版社」，參觀「蕭紅紀念館」、大慶油田。又受邀請去黑龍江省蒙古自治縣杜爾柏特訪問，暢遊附近的大草原，並穿蒙古裝攝影留念。五天行程賓至如歸，依依惜別。

從哈爾濱飛北京，有詩友在機場迎接我們，安排我們住北京大學附近的中關村酒店。我們抵達酒店已有幾位遠從四川、安徽、山東、杭州等地來的詩友，一擁而上自我介紹，我們都是初次見面，握手言歡，相見恨晚，那種感受筆墨難以形容，留下了美好的回憶。

北京只安排了兩天行程，各項活動時間緊湊，當晚就在我們住的酒店為秋水慶生，情感交流互訴心聲直到深夜。北京大學為我們舉辦了一場詩學研討會及一場詩歌朗誦會。我朗誦了一首自己的作品〈心靈在飛翔〉：它長了一對健飛的翅膀／飛得真快／光速趕不上／它翱翔在／無際的天空／也闖入／時間的圍牆／在宇宙中／尋尋覓覓／為歷史找因果／為將來找希望／它掙脫現實的羈絆／為理想飛翔。

我們應邀訪問中央民族學院並開座談會，又參觀該院出版社的門市部，我選購了一本《文革洗冤錄》那不是小說，也不是散文，而是一件件冤案，一個個真實故事。我們又去參訪全國發行量最大，水準最高的「詩刊雜誌社」，因主編另有要公，由副主編熱情接待，並宣讀了主編一篇歡迎詞，還請我們吃一頓肯德基快餐。然後匆匆忙忙的去憑弔天安門廣場，遊覽頤和園。旋風式的造訪故都，也留下深刻印象。

十月二十八日從北京機場飛咸陽機場，有多位詩友來迎接我們，安排我們住西安統計學院招待所，到達招待所已經七點多了，直接進入餐廳，歡迎會、慶生會聯合舉行，西安文藝界包括詩人、作家、畫家、音樂家近百人參加，隨即進行開會儀式，給我們秋水詩刊每位同仁獻花，雙方互訴心聲。在餐會中主人唱陝北民歌及朗誦詩，我也唱了一首台灣流行的國語歌曲「祝你幸福」。美酒佳餚伴以詩情友誼，賓主盡歡。

西安是我國六大古都之一，是中華文化的搖籃，留下很多珍貴的古蹟及流風遺韻，我們安排了五天行程去尋幽覽勝。我們走訪了「陝西省歷史博物館」、「西安碑林博物館」、「仿古一條街」。再去憑弔秦始皇陵，秦始皇陵修建工程施工達三十七年之久。秦始皇即帝位就開始修皇陵，又派方士徐福到海上找蓬萊仙島，求長生不老藥，他活得多矛盾，多無奈！雖然歷史上稱他為暴君，但他滅六國統一中國，使書同文，車同軌，使中華文化在這一架構下發揚光大，功不可沒。

距秦陵不遠的「兵馬俑博物館」，也算是秦陵園的一部分。進大門右邊是出土兵器陳列室，左邊是銅車馬陳列室，再前行就是兵馬俑從葬坑，我們所看到的是第一坑，及第二坑的一部分，第三坑尚未挖掘。坑內兵馬俑，是原來排列軍陣的位置，站立坑內，數以千計，仿真人真馬尺寸塑造，相貌及神采各異，有些無頭或缺肢者，狀極悽慘，想必是挖掘時損壞。銅車馬及御工俑均為青銅製品，車窗及傘蓋雕工精細，御工神采奕奕，四馬並列神態昂然。秦代的泥塑及銅雕藝術，已臻完美境界。

我們也去乾陵憑弔，乾陵是唐高宗李治和他的皇后—後來稱帝的一代女皇武則天的合葬陵。位於陝西省乾縣城北六公里的梁山上，依山為陵，規模宏大，周長八十一公里，陵內有陪葬墓十七座，從已發掘的永泰公主、章懷太子、懿德太子等墓中出土的文物有四千三百餘件，從中分析得知，乾陵地宮藏有很多稀世文物。中共有關當局想挖掘乾陵地宮，進行考古研究，但無法確定位置，迄未開挖。我們所見的乾陵，只是青山一座及山前司馬道兩側的石獅、石鳥、石馬、石人、華表、無字碑、述聖紀碑等石雕一百二十多件。石人多已無頭，似非風雨浸蝕所致，不知何故？華表為八棱形，高約八米，基座雕蓮花，柱身刻有蔓草等花紋，巍然聳立，完好無損。無字碑是一塊完整的巨石，高七·五三米，頂部有雕刻的圖案，立於方形基座上，初立時無字，北宋以後，有名人來此遊覽，在碑上題詞四十多則，詞多是對李唐及武周的評價。述聖紀碑是記述唐高宗李治的文治武功。眼看這些斑剝的文物，光華不再終將淹沒在歷史的浪潮中。

我們去到慕名已久的大雁塔。大雁塔在西安城南四公里處慈恩寺內，始建於隋代，唐貞觀二十二年改建，塔七層高六十四米，方形錐體，底層各邊二十五米，塔身磨磚對縫，為典型樓閣式建築，塔底層四面石門，門楣上有以陰線雕刻的佛像圖案。塔南門兩側磚龕中，有唐太宗李世民所撰「大唐三藏聖教序記」，為唐代大書法家褚遂良所書，由此可見佛教在唐代的崇高地位。唐高僧玄奘在慈恩寺，曾主持寺務十一年。慈恩寺和大雁塔，在佛教寺、塔中，身價不同凡響。

我們去瞻仰歷史更為悠久的法門寺。法門寺在陝西省扶風縣法門鎮，距西安市一二〇公里。始建於東漢桓靈時代，已有一千七百餘年。地宮中藏有釋迦尼佛指骨舍利及唐代八帝為迎送舍利之供品，有金銀器、珍珠玉器及夾金織物等二千餘件，均保存完好。塔上藏有宋、元古版佛經及唐、宋、元、明銅鑄佛像。法門寺已成為世界級的佛教聖地。我以虔誠的心重溫佛教的歷史，又對各宗教所導致的人類社會不安現象而生感慨。

我們要去驪山遊覽，西安市文聯提供我們的專車，在渭河平原上馳騁，沿途遠眺一片清蔥翠綠，沒有晚秋蕭瑟的景象，路邊的石榴園、葡萄園、菜園雜陳田野間，繪出多彩多姿的自然景觀，確是滋長中華文化的膏壤。我們的車抵達停車場，小販就圍攏來，兜售食品及紀念品。我們從停車場上馬路，進入華清池風景區的津陽門，就是新浴池、東、西浴池，再進去就是單、雙人池，據說水中含有多種礦物質，能治風濕病及各種皮膚病。我們因時間倉促，無福享受一次華清池的溫泉浴。我們參觀過貴妃池，相傳是楊貴妃當年所用，是用白玉砌成，形似海棠花，綻開花蕊似的噴泉。池上建有晒髮亭、梳妝台等。有個「九龍湖」在夕陽落照裡，閃耀著漣漪的波光，與周圍的樓臺亭閣雕樑畫棟相輝映，美不勝收。

五間廳，在驪山的半山腰，是民國成立後所建，一排五間，習稱五間廳。西安事變時，蔣委員長就住在這裡。房間都很小，當年設的辦公桌椅、文具、電話機、床鋪等，都保存完好。房間玻璃窗上的槍彈孔仍在。在這裡發生的事變，改寫了中國的近代史，使中華兒女流下了很多血淚，中國大地上增添了無數冤魂。我佇立窗前沉思慨嘆！

我們應邀訪問鳳翔縣，並遊覽東湖。鳳翔縣距西安市一五九公里，車經咸陽市、興平、武功、扶風、岐山等縣，有平原，有丘陵，還看到很多窯洞。車慢行流覽沿途風光，綠油油的麥田，結實纍纍的蘋果園，樹枝上掛滿了剝去包衣的玉米，家家屋前屋後掛著一串串紅辣椒，鳥兒在空中飛翔，在枝頭唱歌，真是一幅有動感的田園風景畫，我倚靠車窗，享受這場大自然的饗宴。

車抵鳳翔縣城已經萬家燈火，我們被安排住縣府招待所，套房設備完善，服務周到熱情。縣府設晚宴歡迎，馬副縣長和縣府各單位主管均參加，美酒佳餚，席間抒懷暢飲，賓主情誼交融。散席後，我至招待所服務台請問小姐，縣城裡有沒有國際長途電話？她說，我們這裡就可以轉撥。打完電話我問她多少錢？她說不用付錢，記帳就好。我不好意思，還是付了七十四元人民幣，並相互道謝。我每隔三兩天，與家人通一次電話報平安，以免他們掛念。在其他地方招待所或賓館、飯店，都沒有這項服務。

縣政府發給我們每人一份，精印手摺式「鳳翔縣情簡介」：鳳翔縣古稱「雍」，秦王朝在此建都二百九十四年，曾稱西京，是關中西部的政治、經濟、文化中心。現有人口四十八萬餘，資源豐富，蘋果、辣椒最負盛名，大量外銷。「西鳳」酒經評選為全國四大名酒之一，曾獲巴黎國際食品博覽會金牌獎。手工藝品外銷歐、美、日、澳和香港等地。人稱鳳翔有三絕：西鳳酒、東湖柳、女人手。我品嘗過，見識過，確是名不虛傳。

馬副縣長和多位地方人士，陪我們遊覽東湖。東湖是宋代大文豪蘇東坡經手開闢的，也因東坡先生而聞名。鳳翔縣原名「雍」，因有鳳凰飛來而改名鳳翔。鳳凰飲水之處「飲鳳池」。宋仁宗嘉佑七年，東坡先生任鳳翔府簽書判官，將飲鳳池挖掘疏浚，引城西北角鳳凰泉水注入，種植柳樹，建亭修橋，作公餘遊憩場所，與民同樂，並改名東湖。鳳翔的東湖與杭州的西湖，皆與東坡有緣，故有人稱此東西二湖為姐妹湖。

東湖總面積十四公頃，湖隨城牆走向而曲折，形成內外湖，諸多建築在湖中心區，布置在「君子亭」四周，樓臺亭閣都是雕樑畫棟，琉璃瓦頂的古典建築，與古柳、奇石、花木相掩映，有江南園林優雅之美感。蘇文忠公祠正廳有白色大理石的東坡先生雕像，神態悠然。「會景堂」有幅對聯「一幅湖山來眼底，萬家憂樂注心頭。」就是東坡先生遊憩東湖心情的寫照吧。喜雨亭、來雨軒、適然亭、君子亭、凌虛台及東坡先生所撰喜雨台記、凌虛台記，適足以表達其胸襟懷抱。鳳翔百姓至今仍沾其德澤，奉若神明。

蘇文忠公祠傍，有一座林文忠公則徐像碑，前面以平刻線條顯現林文忠公圖像，背面刻有他禁煙上書全文。我默誦其文，肅然起敬。一代功臣，竟在強敵壓迫下，革職流放邊疆，真是我們國家民族最大的悲哀與奇恥大辱！這兩位生不同時的先賢，他們的嘉言懿行與豐功偉業，卻在東湖同時受到後世的景仰與懷念，他們在天之靈，一定相視含笑。

遊罷東湖，馬副縣長請我們至「聚賢廳」品茗及品嘗鳳翔名產「秦冠蘋果」，並致贈我們秋水同仁每人「西鳳」樣品酒一盒及工藝品草籃一個。縣府主管和地方人士多人參加座談，不拘形式，自由交談。聚賢廳兩邊擺著坐椅及茶几，中間有張大寫字檯，檯上備好文房四寶及厚厚一疊大張宣紙，看樣子是常有文人雅士在此揮毫題字留念，壁上也掛著正、草、隸、篆的條幅。茶敘一會，馬副縣長請墨人先生題字留念。墨人先生成竹在胸，一揮而就「東湖西湖兩相映，不羨今人羨古人。」書法遒勁，圍觀者報以熱烈掌聲。我正思索墨人先生所寫文詞的蘊義，以為將「不羨今人羨古人」改為「我羨今人思古人」較為貼切而適合現場。

馬副縣長要我寫幾個字，我無心理準備，又無當眾揮毫經驗，但盛情難卻，只得硬著頭皮獻醜。小姐把大張宣紙鋪好，也許是他們的熱情使我感動，加上我對鳳翔的美好印象，我得心應手寫了一幅「鳳翔風采會使我留下美好的回憶」，旁邊有人說，再寫一幅，再寫一幅。小姐把紙也鋪好了，幸好我的靈感及時趕到，我執筆直書「東坡先生曾在鳳翔為官，其書生風範，文人典型，輝煌的政績永垂後世，鳳翔文化仍有其風流餘韻。」馬副縣長要我寫幾個字給他留念。我寫了「政通人和」四個大字。他和我握手致謝。我當衆補充說：「我寫這四個字，是對馬副縣長的讚美，也是對鳳翔同胞的期盼與永遠的祝福。」大家也報我以掌聲。鳳翔縣處處充滿朝氣與活力，有光明的遠景。短暫的訪問，留給我永遠的懷念。

我們回到西安市，秋水詩刊同仁大陸詩之旅在西安結束，他們都要回台灣，我邀請了兩位四川和武漢青年詩人，伴我繼續西行。我計畫穿過河西走廊的絲綢之路去新疆的烏魯木齊，然後去成都、重慶，遊長江三峽至武漢，再回安徽老家探親。

十月三十一日下午六點二十分，我們從西安乘飛機去蘭州開始新的旅程。西安的咸陽機場到蘭州機場一點二十分鐘航程，在機上與一位在西安經商的蘭州青年和一位在蘭州經商溫州青年聊天，非常愉快，並互換名片，使我對未來的行程充滿信心。下機後乘航空公司交通車至市區，下車就看到「蘭州空軍第二招待所」的招牌，對面就是甘肅省文聯及作家協會大樓，我們就選擇在招待所住下。

第二天東方發白我獨自出門逛街，沿東崗西路經「東方紅廣場」，有數百人在跳舞、做健身操、打太極拳、揮舞棍棒刀劍，各玩各的，歌舞曲聲悠揚，還播放「高山青」及「瀟灑走一回」台灣流行歌曲。據說，在文革期間，這裡是文鬥、武鬥、公審的場所，現在是百家爭鳴，百無禁忌了。到上午七八點鐘，蘭州市區就熱鬧起來，在郵電大樓、電視台及勝利飯店一帶，人車擁擠，一片繁榮景象。我回到招待所，我的那兩位年輕朋友剛起床。

上午我們三人走了十多分鐘到火車站，買去酒泉的火車票。回來後去拜訪文聯及作家協會，因文聯及作家協會不像一般行政機關，沒有固定上班時間，我們只見到一位值班的王先生，他還是一位大學生，在省文聯辦公室服務，他也熱愛文藝，相談甚歡，還送一本「飛天文學月刊」。蘭州一瞥收穫甚豐。

從蘭州到酒泉，我們買的是硬臥火車票，行程十九小時，一個小房間四張床上下鋪睡八個人我睡得少，與人交談的時間多。我的臨床是位年約五十的維吾爾族人，漢姓吳說得一口京片子，他是北京中央民族學院畢業，在新疆省民族事務處任職。我問他，對中共處理民族問題的感受如何?他說，在政治上並無差別待遇，而且還有若干優待，譬如像一胎化，我們少數民族至多可生三個。他還說，同是住在地球村，同是人類始祖的後代子孫，何必要細分彼此。好開闊的心胸！我內心在讚嘆。

另一位蒙古族的青年漢姓武，是寧夏省銀川市人，大學化工系畢業，在吐魯蕃麻黃素工廠做事。我們無所不談，談得津津有味，同室的人也側耳傾聽，知道我是台灣來的，不時插嘴問東問西，我都誠懇相對，有問必答。我旅遊的目的就是要採風問俗，所以入鄉隨俗探其究竟。

車抵酒泉車站，車站距市區十四公里，我們乘一輛中型巴士至市區，每人收費人民幣二元。酒泉市街道寬敞，環境清幽，有大都市格局，予人舒適的感受。我們住進市中心區的「民族飯店」，是公營，有警衛，雙人套房收費四十八元，室內鋪地毯，有沙發、彩色電視、暖氣，服務小姐很親切，使我有賓至如歸之感。我們洗個熱水臉，到隔壁一家掛著八寶稀飯、燒餅招牌的小吃店用早餐。店內有不少客人先買票等候，從玻璃窗看到工作人員都穿著工作衣，頭載白帽，是我沿途所見，最講衛生，最有風格的小吃店。八寶稀飯是用小米、紅豆、蓮子、桂圓、花生米等合煮而成，風味絕佳，每碗人民幣一元，燒餅一個五角，真是價廉物美。回到飯店，與酒泉詩友林染聯絡上，他是中國作家協會甘肅分會理事、詩歌創作研究會會長，也是「陽關」雜誌主編。他很快來到飯店，一見如故。

當林染先生知道我們在酒泉只停留一天，時間緊湊，稍事寒暄，就帶我們去參觀市內不遠處的國營最大的夜光杯工廠。他與廠長與黨委都是朋友，我們受到相當禮遇，廠長陪我們參觀門市部，介紹產銷情形。他們所產的夜光杯，是祁連山的玉石精磨細琢而成，有墨綠、鵝黃、乳白等多種顏色。我選購了幾十個墨綠色夜光杯，帶回台灣送給親友，都以批發價再打折優待。

我們回飯店將東西放好，隨即去遊嘉谷關。我們包一輛中型麵包車，行程約一小時，我們進城參觀，司機在車上等候。嘉谷關位於嘉谷關市西南，是明代長城西端的終點，有「天下雄關」之稱。關城兩側城牆橫貫戈壁，雄踞南北兩山之間，形勢險要，城高十米，雄偉壯麗。居高臨下，易守難攻。這昔日禦敵的軍事據點，於今成為觀光景點，遊客絡繹於途。來去匆匆已償宿願。回到酒泉已十二點多了。我請林染先生和我們一起吃午飯，他都沒時間。他夫人已臨預產期，要送她去岳母家待產，以便產後有人照顧。

下午我和伴遊的兩位青年朋友，去逛酒泉公園，園區遼闊，湖水清澈，湖中有座九曲橋，將湖隔成兩半。岸邊有樓臺亭閣，都是清代建築，因維護不佳，顯得破舊。湖區四周遍植白楊及樺樹，時居嚴冬一片蕭瑟。園內有兩株「左公柳」都刻字立碑，據說是左宗棠駐守邊疆時親手種。左公是軍事家，也是政治家，勳業彪炳，睹物思人，肅然起敬。

走出公園，來到市中心的十字路口；，有座四層的城樓，青磚厚牆，飛檐琉璃瓦頂，四面有圓形拱門，門頭上依方位楷書：東迎華嶽、南望祁連、西達伊番、北通沙漠。第三層東面牆額上寫著「氣壯雄關」四個大字。可見酒泉是古代絲路交通的樞紐，也是邊防重鎮。

晚上林染先生又急忙趕來，帶我們去買去敦煌的汽車票，因去敦煌沒有火車，汽車公私營大小客車很多，良莠不齊，價錢不一，他怕我們吃虧上當，也考慮到安全問題。我們跑了幾家客運公司，選了一輛全新大型觀光巴士，票價二十九元一角，外加保險費一元，第二天早晨七時開車。酒泉行得林染生照顧與協助，愉快又豐收，真誠的友誼，我銘感在心。

酒泉至敦煌四百零三公里，一路都是平坦的雙線道。以前讀李華的「弔古戰場文」的寫景句：「浩浩乎平沙無垠，夐不見人」及王之渙的出塞詩：「春風不度玉門關」，總以為我國的大西北，都是一片荒煙絕域。於今，車經玉門關傍邊，奔馳在河西走廊上，覺得那是一片彩色大地，我從車窗向外獵取不少美麗的鏡頭。下午三點二十分到達敦煌市，我們就在下車處附近的「勞動就業局招待所」住宿，三人間套房每天六十元，有電視、電話、沙發，新地毯，新寢具，一進門就有舒適感。我們泡了杯熱茶，稍事休息就出去逛街。

敦煌市區街道寬闊，二、三層樓鋼筋水泥建築較多，矮瓦房也不少，五層以上大樓不多見。青年學生都穿著整齊的校服，也有不少行人穿西裝。我們逛了幾條街巷，進一家四川餐館進晚餐，三人四菜一湯，還喝了一瓶啤酒才二十元。我們回到招待所，有人來招攬「敦煌一日遊」遊客，車資每人二十元，餐飲及參觀費用自理。旅遊點包括莫高窟、敦煌古城、鳴沙山及月牙泉，正合我們的心意。約好第二天早晨七點三十分開車來接我們。

一輛中型巴士遊覽車準時到達招待所，車上客滿，給我們預留了中間排三個座位，證明這位車主是位講信用的人。先去莫高窟，車程二十五公里。出了市區就是一片荒漠，車行約半小時，遠遠看到一座山的石壁上，排列著距離不等，大小不一的斑點，那就是莫高窟。下車後掃瞄周圍一圈，遍地是古蹟。買參觀券分甲乙兩種，甲種可參觀三十個石窟，乙種參觀十個石窟。遊覽車老闆規定我們參觀時間為兩小時，過時不候。我們只看了五個石窟就花了一百分鐘，編號一〇〇窟，正中是釋迦牟尼的巨大塑像，兩邊是文殊和普賢菩薩，窟頂彩繪著千佛像，洞內黑暗，在導遊小姐手電筒照射下，彩色鮮明。一四八窟供奉的是臥佛—釋迦牟尼八十歲涅盤塑像，兩側站立著七十二弟子像。一三〇窟是第二大佛，八十五窟佛像眼珠會發光，二三七窟是觀音菩薩。每一石窟有二、三層樓高，數十坪大的空間，以人工開鑿，工程是多麼的艱巨啊！沿著石窟與石窟間的岩壁小徑行走，窟外的石壁上還有斑剝的彩繪壁畫。現在已編號的石窟有四百九十二個，開放給遊客參觀的只有三十個，都是有代表性的。

離開莫高窟，前往敦煌古城。敦煌古城又名「仿宋沙州城」及「敦煌電影城」，是一九八七年為拍攝電影歷史劇「敦煌」而建造。並在此先後拍攝「封神榜」、「怒劍嘯黃沙」等二十餘部中外影視劇，是西部影視劇拍攝基地，也是建築藝術博物館。我們在城內遊覽一周，看到古代的戰車、戈矛、盔甲等兵器及裝備。仿古的街巷民宅、商店、茶樓、酒肆、遊樂場等，遊客也可進去品茗、喝酒尋樂。

敦煌一日遊的最後景點是「鳴沙山」及「月牙泉」。這一山一水稱沙漠奇觀。鳴沙山又名神沙山，距敦煌市城五公里，東西長四十公里，南北二十公里，高約百米，為細沙積成，沙粒一般大小，不見一石，也沒塵土。有些男女牽著駱駝，央求遊客乘騎，在鳴沙山腳走一趟十元，何蔚和涂擁兩人共乘一匹，我要享受沙漠之旅的滋味，一步一步踏在細沙上。從鳴沙山到月牙泉只有幾百公尺，我回頭看一步一個深深的腳印，這給我一個啓示：在人生旅途，只有莊重的腳，才能留下深深的腳印。

月牙泉如一彎新月，長約百餘公尺，寬約三十公尺，泉水清澈，保持恒定的水位，不滿溢，也不乾涸，周圍水草及灌木叢生，形成沙漠中的小小「綠洲」。時值寒冬，周圍草木枯黃，在夕陽輝映下，像為月牙泉鑲了一道金邊，那碧綠平靜的水面，像一塊翠玉。附近已在修建樓臺亭閣，是為美化觀光景點，還是破壞自然景觀，就見仁見智了。

第二天清晨，我們在招待所門前，乘公營客運車去柳園乘火車去烏魯木齊。柳園雖是個小站，卻經全國評選為「文明車站」，站內掛著鐵道部頒發的獎牌。車站內外整齊清潔，工作人員服務熱忱親切。柳園至烏魯木齊八百二十五公里，車程約二十個小時。何蔚和涂擁拿著我的台胞證，買了三張軟臥車票。軟臥鋪車箱，一個房間兩張上下鋪，我們住一間還空一個床位。我坐在床鋪上看窗外景色，左顧右盼，目不暇接，延綿的山峰上皚皚白雪與白雲相輝映，那幅大風景畫，在我眼前不斷伸展。

凌晨七點多鐘抵達烏魯木齊，我們住進「工會大廈賓館」，樓高二十二層，我們住十六樓，三人住套房一天九十元人民幣。三張單人沙發床、長沙發椅、大書桌、檯燈，還有暖氣，設備好，服務親切。賓館內有中、西餐廳。我從房間窗口遠眺看到大半個烏魯木齊市，高樓林立，拍下一個鳥瞰鏡頭。

早餐後，與「綠洲雜誌」編委、主任東虹先生聯絡上，約好明天上午在賓館見面。我們三人出去逛街，走到繁華商業區，街道雖然寬闊，人車仍然擁擠。進入「華僑商廈」及「新疆百貨商場」流行服飾很多，像大陸其他大城市一樣，已邁入高消費資本主義社會形態。

次日清晨，兩位年輕人還在夢鄉，我獨自出門，沿解放北路散步，走到一個小圓環公園，有十幾位老人在亭子裡聊天，亭子四周掛滿了鳥籠，百鳥爭鳴，演奏著迎晨樂章。我趨前自我介紹，加入他們一起聊天。他們都是隨解放軍來新疆，現在靠退休金生活，住公家房子。我說些個人的經歷及台灣的情形給他們聽，彼此都有同是天涯淪落人的感嘆。

公園中央豎立一紀念碑，頂端有一立姿穿軍服持槍的軍人銅像，碑的正面刻著：「中國人民解放軍進軍新疆紀念碑」，側面記載：「一九四九年十月二十日王震將軍率解放軍進駐烏魯木齊市」。紀念碑久未維修，與園中落木蕭條相映，有落寞淒涼之感。

上午十一時東虹先生來訪，他是中國作家協會會員、新疆兵團作家協會秘書長、「綠洲文學雜誌社」編委、主任。他為人豪爽，不講客套，說話開門見山，一見面就有久別重逢的親切感。當他知道我們去成都的火車票已經買好，在新疆只能停留兩天表示惋惜。他說，新疆的風景名勝，一個月也看不完，來一趟不易，至少也得玩個十天八天。時間迫促，只能去白楊溝看看雪景及瀑布。

中午我請東虹先生吃便餐，邊吃邊談，他是湖南長沙人，大學讀獸醫科，畢業請求分發到新疆服務。那時他已開始寫詩，有作品在報刊發表。新疆是他心目中的香格里拉，他如願參加了新疆建設兵團。新疆由荒涼而繁榮，他付出了三十年生命歲月。他也得到回報──立業成家，兩個兒子讀大學，他夢想中的香格里拉，已成他現實生活的樂園。

餐畢，我們就雇了一輛計程車去白楊溝，東虹先生因有要公不能陪我們，明天要送我們上火車。我們向白楊溝進發，車程一個半小時。白楊溝是個夾谷，兩邊山峰陡峭，茂密的針葉樹蓊鬱蒼翠，與白雪相映成趣，溪流唱著低沉的抒情曲子，詩情畫意，賞心悅目。夾谷中只有我們三個人，盡情雀躍歡呼，高聲長嘯。走了千餘公尺，就是溝谷盡頭，斷崖上掛著一條條冰柱。聽到瀑布聲，卻看不到瀑布，原來瀑布躲在晶瑩剔透冰玉屏風的後面，再從玉屏風的腳下鑽山來，真是妙景奇觀。我們留連忘返，看手錶已超過預定時間，怕司機先生等著心急，我們趕緊往回走。回程路上我和司機先生交談，他姓吳名超，江蘇徐州人，隨父母移民來新疆，他太太是安徽碭山縣，越談越高興，成了萍水相逢的朋友。下車時他說，我明天送你們去火車站。

十點多鐘，東虹先生來為我們送行，他送我們每人一冊《塔里木戀歌》詩集、一把雕花柄帶皮套精美小刀、一冊《綠洲文學雙月刊》、一瓶「伊利特曲」新疆名酒。我送他兩本自著詩集作紀念。過一會，吳超先生也駕車趕來，東虹先生堅持要送我們上火車。於是，我們一同乘車去火車站，下車時吳超先生不肯收車費，我將錢塞進他的口袋才勉強收下，真是熱情感人。東虹先生提著我的行旅箱送到剪票口握別。使我深深體會人間最珍貴的是真情。

從烏魯木齊至成都，全程三千零六十四公里，要坐三天三夜火車。我的兩位青年遊伴，也許是初次出遠門，惦記著老婆孩子，也牽掛著自己的工作，歸心似箭，一直抱怨車速太慢。我卻覺得時間過得太快。我們買的是硬臥車位，夜裡睡得舒適，白天流覽窗外沿途風景，眼不停的看，耳不停的聽，腦子還在不停的想。車上有定時廣播節目，內容充實而富人情味，廣播如：出門在外要時刻小心謹慎，凡事禮讓，要互相幫助，注意衛生，維護公共安全，表現個人優雅的風度，語氣親切，聲音柔美。還播放一些娛樂節目：相聲、說書、民謠及國語流行歌曲。我覺得廣播詞及廣播節目很有創意，請何蔚和涂擁兩人去找廣播員，要一份資料或摘錄部分回來。他們卻拿回兩本書：《車間宣傳資料》

內容分十個單元：鐵路旅行常識、談天說地、科學與生活、祝您健康、配樂朗誦詩等。另一本書名《千里鶯啼綠映紅》是一九九〇年全國站車優秀廣播稿選編，主要內容講個人修養、人際關係、倫理道德、對社會國家的責任、幸福人生等，像「論語」淺釋的摘錄篇，沒有馬列主義及毛澤東思想的教條意味。

播音員劉珍小姐來車箱看我，她年約三十面目秀麗，是河北省人。我向她道謝借書給我們，並讚美她播音動聽。播音室在餐車旁邊，我們用餐時送書還她，她來餐廳招待我們，為我們加了一碗三鮮湯，真是人間處處有溫情。

十一月十四日下午一點多鐘抵達成都，與李明馨詩友聯絡上，她是秋水詩刊的作者與讀者，見面特別親熱。她介我們住「蓉成飯店」，還設有旅遊服務部，代辦各景點旅遊活動。何蔚第二天就要回武漢，涂擁家離成都不遠，他要照顧我，等我離開成都他再回家，使得我很感動。於是我們去旅遊服務部買了兩張「青城山一日遊」及「峨眉三日遊」票券，我又買了去重慶的硬臥火車票，及長江三峽三日遊船票，這就是所謂「服務一條龍」真是方便。

李明馨帶領我和涂擁去參觀「武侯祠」及「杜甫草堂」。武侯祠在成都市城南三公里處，是祠廟古蹟，也是林園名勝。武侯祠其實是蜀漢君臣祠，有諸葛亮殿、劉備殿、劉備墓、蜀漢文臣及武將群像。有樓、臺、亭、榭、花池、古柏、翠竹，景致清幽高雅。武侯祠的側門壁間，嵌著岳飛手書的前後出師表。大門右側立「三絕碑」，原名「蜀丞相諸葛武侯祠堂碑」又稱「唐碑」是唐朝宰相裴度所撰。

杜甫草堂距武侯祠很近，就是杜甫當年居住的茅舍，經過五代、宋、元、明、清以及民國以後，歷次改建與擴建而成，現已改名「杜甫草堂博物館」是研究杜甫的資料典藏中心及活動中心。現有各種版本杜甫詩集數千冊，詩作一千四百餘首。還有杜詩外文譯本十餘種。曾舉辦過多次展覽，中外參者達數十萬人。

十一月十六日，乘遊覽車去青城山、都江堰一日遊。車子通過市區，經過金牛大道，路的兩旁豎立了許多大型廣告，有中美合資、中法合資、香港財團、台商投資為號召，商業區、住宅區一片欣欣向榮景象。經過灌縣城的離堆公園、薈萃宮，直奔都江堰。都江堰興建於戰國時代，距今二千二百餘年，發揮了防洪、航運、漂木及灌溉四大功能，四川號稱天府之國，都江堰應居首功。後人為感念李冰父子的功德，建立「二王廟」供奉他們父子的塑像，我們乘坐都江堰索道吊籃上二王廟，居高臨下，都江堰三大工程間的青山綠水，雪峰翠谷及玉壘關一覽無遺。

都江堰市距青城山十五公里。「青城天下幽」是遊客的讚詞。已列為四十四個國家級風景名勝區之一。青城山周圍有三十六峰、七十二洞、一百零八個景點，我遊覽「建福宮」，後殿有一幅長聯共三百九十四個字，文詞與書法兼美。從月城湖乘索道吊車至「上清宮」，上清宮在青城山第一峰，海拔一千六百餘公尺，宮門上「上清宮」三字，是一九四〇年蔣委員長親題。蔣先生當年臥室，一切陳設保存完好。睹物思人，心生感戴之情而默然嘆息。

在一日遊途中，認識了兩位湖南益陽縣的兩位女青年，一位是湖南益陽地區棉麻蠶繭公司的熊莉，一位是服務湖南益陽地區再生資源公司的蔡文輝。她們都已婚各有子女，這次相偕考察出遊。他們性格開朗，熱情大方，喜歡文藝，我們談了一些兩岸作家及其作品，甚為投契。當她們知道我要去重慶、遊長江三峽，希望與我結伴同行。她們要先去重慶處理要務，相約在「天府號」長江三峽遊輪上見。

峨眉三日遊，要遊樂山大佛、峨眉山金頂看日出及雲海、報國寺及三蘇祠等景點。遊覽車直駛樂山市，我的鄰座是兩位青年解放軍軍官，我與他們攀談起來，當他們知道我是國軍的退役軍官，其中一位幽默地說：原來我們是敵人。我笑著說：現已化敵為友，要共同為中華民族打拼。彼此笑得很開心，並合照留念。樂山大佛在大渡河、岷江及青衣江合流處，大佛依山崖鑿成。於唐玄宗開元初年開工，德宗貞元十九年完成，歷時九十年（公元七一三—八〇三年）。佛高七十一米，臨江而坐，有人形容「山是一尊佛，佛是一座山」。環繞大佛的樓、臺、亭、閣、觀、堂、院、塔、碑林及花園共三十餘處。如藏經樓、東坡讀書樓、嘉州書院及碑林，都是珍貴的歷史文物。循凌雲棧道而上，繞過大佛頭頂，從右側而下，花了四個多小時，才走到大佛跟前，有幾十人擠在大佛腳背上攝影留念。在晚霞夕照裡上渡船過江，夜宿「淨水」小鎮東風飯店。

第二天要上峨眉山「金頂」看日出及雲海，遊覽車開到峨眉山腳萬年停車場，下車走了一段陡峭的山路，再乘索道纜車，一車可乘四十人，下纜車再步行上金頂。金頂是峨眉山最高峰，海拔三千零七十七公尺。登上金頂，看不到日出，也看不到雲海，只看到一片「霧海」。「峨眉天下秀」她的秀色、秀氣都籠罩在霧裡。霧中看峨眉我一頭霧水。我在金頂殿宇前，拍了兩張近距離照片留念。在山頂等了很久，不見霧散的跡象，悵然循原路下山。

峨眉三日遊的最後一天，參觀報國寺和三蘇祠。報國寺正在金頂的山腳下，是一座大型佛寺，一進門香煙繚繞，有捐款簿，可捐款留名，有一僧人導遊解說，捐錢買名的還真不少。七佛殿有一蔣介石先生親題「精忠報國」匾額。精忠報國，可說是他一生行誼總結，必將在歷史長河裡發出閃亮的光芒，照耀人寰。

三蘇祠是林園式建築，園內花木繁茂，環境幽靜。有陳列館、臘像館、碑林。陳列館所陳列的是三蘇的文史資料。臘像八組分室陳列，一組臘像是一個故事：仁宗召見三蘇父子、蘇軾兄弟接受庭訓、東坡懷念亡妻、東坡與朝雲相伴、東坡因詩案判刑其弟探監、東坡為民繪扇償債等。碑林陳列名家石刻碑文數十塊。園中露天有一東坡坐姿塑像，四周環繞著鮮花盆景。三蘇父子同享文名，唐宋八大家，其父子佔了三位，成為千古美談，令人稱羨。

結束峨眉三日遊，回到蓉城飯店已經下午四點多。晚餐後李明馨帶著她五歲大的兒子，來為我送行。她是解放軍上尉軍官轉業到成都市老人福利單位服務，他先生還是現役軍人，她和父母住一起。她是一位有傳統美德的孝女，也是賢妻良母，又是一位敬業的新女性。我乘硬臥夜快車去重慶，涂擁送我到火車站，又買月台票送我上車。成都行溫馨滿懷，留下美好的回憶。

二十日上午八點抵達重慶，距遊覽船開船時間還有十小時。我將行李寄放火車站，本想去「中美合作所」及「上清寺」參觀，走到公車招呼站看站牌，各路車都有，但秩序太亂，擁擠不堪，怕控制不好時間，打消念頭，就順著大馬路看人潮百態，體察民情風俗。走沒多遠，看到山坡上有一碑一亭，我朝碑、亭走去，原來是「鄒容烈士紀念碑」。八角形大理石基座上，刻著鄒容烈士生平事蹟，並標示為重慶市文物保護單位。鄒容烈士為救國救民，犧牲奉獻，慷慨赴義。倘其英靈有知，眼看數十年來，腥風血雨，生靈塗炭，一定是悲憤不已。

我在小亭子裡稍憩，回想這個戰時陪都，遭日機慘烈轟炸，傷亡數萬國恥深仇湧上心頭。為平息心中之怒，我遠眺山河地貌，發現有條長橋，橫跨江上，我隨即下山，朝長橋走去，走近橋頭，看到「重慶長江大橋」六個大字，是葉劍英所題。是一座鋼筋水泥橋，橋面護欄也是水泥的。有四線車道，兩邊有人行道，是重慶市區與南平開發區的往來通道，我步行走過耗時二十多分鐘。對岸橋頭不遠處有兩個隧道口，隧道口頂端有鄧小平題「開發區大有希望」幾個大紅字。車輛進出隧道川流不息，有公車經橋上開往火車站，我還是步行回去。在橋上觀賞兩岸風光與江上景色，南平高樓林立有大都市規模。重慶市依山旁水構成，多彩多姿。江水平緩，有大片沙灘浮現，江中只見小船幾隻。

回到火車站，在一家大餐館用餐，看客人吃相百態，進進出出，像欣賞一部社會紀錄片，而且身臨其境，身在其中，所以並不寂寞。離開船還有三個多小時，心想，路線不熟，不如早點上船休息。我到火車站將行李提出，正要叫計程車，一位青年走到我面前，問我去那裡？要為我提行李。我說叫計程送我去九號碼頭上船。他說雇計程車要二、三十元，搭乘中巴士只要兩元，他帶我去乘巴士、送上船只要十元，我看他長相老實，說話誠懇，接受他的建議。一路上跟他聊天，他姓張二十四歲，高中畢業，已結婚生子，靠在車站附近替客人拿行李賺錢養家。上車後我問鄰座的男士，到九號碼頭在那裡下車，他說，在朝天門站下車，下車後還有一段路，我告訴你方向。下車依他所指方向向前走，問了三次路，轉了幾個彎，看到一艘躉船上掛著「九號碼頭」的招牌，經過沙灘，走過木板橋上了船。張姓青年送我到船艙房間，我給他二十元外加二元車費回去，他一再謝謝向我揮手說再見。

我剛放好行李，熊莉小姐來找我，她和蔡文輝住四等艙，我跟她去看蔡文輝。他們一個房間住十六個人，熱鬧得很。我們坐在床邊談別後的所見所聞，當她倆聽我說從火車站到上船這段經過，替我高興，說我有貴人相助。她們鄰床一位青年，也是上船不久，當他在朝天門站下車向人問路，一位「好心人」

帶他到九號碼頭邊，向他強索一百五十元，他不給，有三人圍上來，一齊威脅他，討價還價給他一百元消災。要是我這個單身老「台胞」，遇上那些凶神惡煞，後果就不堪設想了，那位張姓青年，真是我的貴人。那位被勒索的青年，在長沙一家公司任職，來重慶出差，他一個月工資才兩百多元。他向熊莉說，他想以他的四等艙票換我的三等艙票，賺取差額彌補意外損失。我從不幫人作弊，聽他所言並非貪財，是為解決旅途困窘，我換給他了。四等艙與三等艙差價一百二十元，他還得到二十元精神補償。

我回到自己鋪位，房間裡來了五位乘客，他們是浙江省桐鄉市水利局、高橋橋樑隊、交通工程公司的科長、隊長、副經理和職員，他們都是三、四十歲的年輕人。我們很談得來，他們看我白髮蒼蒼，當我長者看待，一路照顧我，把我當做他們小團體的一員。熊莉和蔡文輝每天來看我，待我如親人般的關心。共產黨在大陸推行幾十年清算鬥爭恨的教育，沒有摧毀行仁仗義的中華文化，是我感到最欣慰的！

忙了一天有些疲累，一覺睡到天明，起床至船尾觀賞山水風光，江上風平浪靜，遠眺兩岸村落，在薄霧朦朧中可見點點燈火，嬝嬝炊煙。夾岸群峰，在船行進中飄然而去。置身良辰美景，渾然忘我。

上午八時，船抵酆都城靠岸，停留三小時，我和浙江桐鄉市五位朋友一同下船，遊覽酆都鬼城。一進市區，就看到以鬼為號召的標語、招貼，及販賣以鬼故事為主題的紀念品。街上遊人如織，不像想象中的陰森恐怖。鬼城有兩座小山，中間有索橋通道，兩邊山上分布著二十幾處樓、臺、祠、宮殿、廟宇和亭園。因時間有限，我們直奔「鬼國神宮」，宮內有二十二個場景，從地獄到天堂，人物塑像、每一場景都是電動，配以聲光，如置身鬼域、仙境。踏進神宮大門，經過棺材迷陣、奈何橋、鬼門關，一路陰森恐怖，我是個不信有鬼的人，都有點毛骨悚然。陰曹地府的十殿閻羅，懲罰惡人：上刀山、下油鍋、睡釘板、割舌頭、受鋸刑，有個人綁在刑架上，兩人來回拉鋸，鮮血淋漓，十分逼真。登上靈霄寶殿，眼看三星高照、萬仙大陣、裝飾金碧輝煌、仙女翩翩起舞，那享不盡的榮華富貴，是世人望之不可及，求之不可得啊！在世風日下的今天，那些地獄、天堂的場景，希望能發揮一點啓發作用！

下午兩點多鐘，船靠萬縣碼頭，停留一小時上下旅客，我和費科長兩人，匆忙上岸逛一逛。商業區離碼頭遠，沿江像是工業區，馬路很寬，汽車經過塵土飛揚，一片蕭條景象。

六時二十分船靠雲陽碼頭，讓遊客上岸參觀張飛廟。天色已晚，照明設備不很好，要攀登一百多公尺陡峭石階廟宇規模不大，但踞高臨下，有震山懾水之勢。這位桃園三結義中的小老弟，為創立蜀漢基業，立下不少汗馬功勞；但他從不居功，對待兩位兄長忠肝義膽，可為萬世全蘭兄弟之表率。當地人民奉為神明，張將軍在此享受千秋祭祀，定會捋鬚含笑。

次日天朗氣清，船至巫峽口，改乘「柳葉舟」遊覽小三峽。小三峽在巫山縣境內的大寧河上，全長約五十公里，由龍門峽、巴霧峽和滴翠峽連成個風景帶。我們這條小船坐了二十幾個人，行在水上順流而下，形如柳葉也輕如柳葉。急流處飛濺著浪花，清淺處可見游魚，夾岸奇峰聳入雲霄，秀色變化莫測，美不勝收。龍門峽全長僅三公里，在最狹處仰望，如天開一線，高懸吊橋形如一門，也許龍門峽因此而得名。陡峭的石壁上有一個個小方孔，是修建古棧道的遺蹟。巴霧峽全長十公里，深山幽谷薄霧迷濛，石壁上有各種形狀的鐘乳石，懸崖岩穴中有春秋戰國時代的巴人懸棺。滴翠峽約二十公里最為幽深，有「無峰不峭壁，有水盡飛泉」讚歎。激流處如萬馬奔騰，平緩處有鴛鴦戲水。群猴在崖壁間追逐，猴語咿呀，此情此景，正如李白詩句所描述「兩岸猿聲啼不住，輕舟已過幾（萬）重山」。

遊罷小三峽，回到大三峽。長江三峽，從四川順流而下，依次是瞿塘峽、巫峽、西陵峽。瞿塘峽又稱夔門峽，有「夔門天下雄」的令譽。在四川巫山縣與奉節縣之間，峽長八公里，旋渦套疊，水流激湍。巫峽亦在四川境內，位於官渡口與大溪鎮之間，峽內有巫山十二峰，均在江面以上一千公尺至二千公尺之間。西陵峽在湖北省境內，峽長七十五公里。峽內又有燈影峽、黃牛峽、牛肝馬肺峽、兵書寶劍峽，並稱「西陵四峽」。有崆嶺灘、泄灘、青灘等三大險灘，為長江航道中最驚險處。

長江三峽是由明山秀水組合而成的巨幅山水畫，其千姿百態，風采神韻，不是大畫家所能描繪，也不是大文學家大詩人用文字語言所能形容。只有以慧心誠意去默察體會，將之拓印在自己的心版上，才最真實，永不磨滅。我從東北、西北，穿過四川盆地，親眼所見榛莽叢林，廣大草原及無垠的沙漠，才體認到中華民族所擁有的錦繡河山，是如此多彩多姿，而長江三峽的景致，更使之臻於完美。

晚上九點半，船抵葛洲壩，當時壩上下水位相差二十四公尺，船駛進船閘，等候調整水位才能通過。這個「萬里長江第一壩」，主壩長二千五百六十一公尺，高七十公尺，有二十七孔泄水閘及公路、鐵路。包括大江和二江兩個水電站，年發電量一百三十八億度。有三個船閘，可通過一萬二千噸級輪船及大型船隊。壩上燈火通明，近處如白晝，遠處夜色朦朧，巨壩橫跨兩岸，氣勢雄偉。

船過監利，我開始收拾行李，熊莉和蔡文輝來道別。她們下船後乘火車去長沙再回益陽。臨別時她們拜託五位浙江朋友，沿途多多照顧我，像送親人遠行一般的關心。我永遠懷念她們，並為她們祝福。

十一月二十三下午一時許，船抵岳陽碼頭，是長江三峽遊的終點。我和五位浙江的朋友一同下船，乘市公車至火車站，買好至武昌的火車票，將行李寄放車站，然後參觀岳陽樓。岳陽樓原為三國時東吳魯肅水師閱兵台，屢經重修與擴建，現已成為園林式古蹟。雄踞長江岸邊，位於洞庭湖畔。主樓為純木結構，寬三間，深三間，高三層。屋頂蓋黃色琉璃瓦，翹角飛檐，門窗雕工精細。一樓正廳陳列一座銅雕岳陽樓模型，以實體作比例的縮小，雕工精巧，難得一見。二樓陳列歷代名家詩篇、匾額、聯語，「岳陽樓記」亦典藏其中。三樓正廳神龕中有尊呂洞賓全身飾金塑像，神態瀟灑，這位快活神仙，似不知人間疾苦。園林中設有茶座、飲食店空無一人，空蕩蕩的大園子裡一片蕭條。

我們在街上找了一家湘菜館吃晚餐，門面裝潢及店內陳設尚稱雅潔，我想請他們五位以答謝他們一路照顧我，費科長卻悄悄地付了帳，這種純情友誼，使我銘記在心。

岳陽至武昌車程三個半小時，我們九點半到達武昌車站，夜宿「春江大酒店」。第二天上午，我與住在漢口的何蔚聯絡上，他隨即來飯店接我到漢口他服務的單位：「中國當代作家代表作陳列館」。我與五位浙江朋友依依握別；我一直珍惜那分緣。到達陳列館，任勇館長正在等我，要請我吃午餐。任館長是我們安徽同鄉，熱愛文藝，關心中華文化的傳承，經手創辦「中國當代作家代表作陳列館」。陳列館的書架上，陳列著海峽兩岸、港、澳及海外華文作家數百人作品，我亦有兩本拙作排列其中。

我來武漢是舊地重遊。我曾於民國三十五年至三十八年間，在漢口工作三年多，是我生命中的黃金歲月，也是我人生的轉捩點。如果當年不來武漢，就沒有今天的我。我的人生結局，就很難想像了。

在武漢盤桓了五天。何蔚陪我尋訪昔日舊居，街巷變形，人事全非，難尋其蛛絲馬跡！又同遊黃鶴樓、歸元寺、渡步長江大橋、遊覽武漢最有名的風景區「東湖」，湖邊廣大林園有蒼松、翠柏、彩色的楓樹、綠油油的樟樹及隨風飄拂的垂揚柳絮。因不是旅遊季節，遊客稀少，湖邊只有兩三隻小遊艇招攬生意。

我們去訪問湖北省文聯暨作協、武漢市東西湖區文化館，都受到熱忱接待，並贈送書刊。畫家胡威夷請參觀其畫室，並贈送其心愛的「黃山戀」水墨畫一幅。舊地重遊，所見所聞，百感交集。臨走任館長送我紀念品，又派車並隨車送我去乘臥鋪夜快車，隨車送行的有何蔚、黃紀生、李聖剛等多位詩友，我滿載友誼與溫情回到安徽岳西縣老家。

這是第二次返鄉探親。第一次是一九九〇年農曆臘月底，那時我尚未退休，是趁去香港訪友之便，在家只住了四天，來去匆匆。這次在家住了八天，從早到晚都沉浸在溫馨的親情、友情與鄉情中。我們家是個大家族，祖父三兄弟，父親堂兄弟十人，我親兄弟五人，侄輩及侄孫輩數十人，尚有三位堂叔，兩位嬸母健在，都是比鄰而居，每到一家，都放鞭炮迎送，前呼後擁，我依輩分送每人一份見面禮，情感交融，熱淚盈眶，那情景久久縈迴在我腦海，難以割捨，難以忘懷。前任縣長、現任政協委員、鎮長及地方政府的長官們，結伴前來造訪，我在二弟家席開三桌款待嘉賓。他們對台灣的政治、經濟奇蹟都很羡慕。我也將這次在大陸各地所見聞改革開放的成就，加以讚揚，相談甚歡，是一次惺惺相惜鄉情饗宴及文化交流。

隨秋水詩刊同仁第二次詩之旅

民國八十五年五月八日至二十二日，我隨《秋水詩刊》同仁，應邀訪問大連、旅順、東港、丹東、北韓的平壤、開城、板門店及瀋陽、北京、香港等地，進行詩之旅及文化交流活動。每到一處都受到熱情的歡迎，親切的接待，有文聯的專車接送，看到各地珍貴的歷史文物，遊覽過最負盛名觀光景點，我依行程簡述於下：

五月八日從香港乘機直飛大連，航程三小時。大連市文聯副主席閻德榮、秘書長趙卓毅、台辦主任馮儒貴暨詩友多人，在機場迎接，夜宿「巾幗賓館」，晚宴聯歡，各抒所懷，情誼交融。大連市是個現代化的大都市，商業繁盛，還有一座使人難忘百花鬥艷爭妍的公園。第二天乘文聯專車，參觀旅順港區、港口及旅順博物館，看到許多中日甲午戰爭及日俄戰爭的遺蹟，而興感嘆。

從大連向東港市的大孤山鎮進發，車程五小時又三十分鐘，車子奔馳在松遼大平原上，青蔥翠綠的田園風光，使人心曠神怡。大孤山的古建築群，有殿宇樓閣一〇四楹，雕樑畫棟，磚雕、石刻、塑像均極精美，多為佛教文物。已列為遼寧省重點文物保護單位，設有管理所專責維修。

離開大孤山，車行一小時四十分鐘，到達東港市，港區遼闊，參觀經濟開發區，有台灣工業區，已有台商設廠，市面繁榮。港內目前可停泊三萬噸級輪船，是有開發潛力的國際商港。東港市至丹東市四十公里。丹東市文聯已為我們與北韓方面接洽好，前往平壤、開城及板門店訪問遊覽三天。丹東市與北韓的新義州只有一水之隔，還有鴨綠江大橋的通道。丹東市文聯吳多良秘書長，雇遊艇陪我們沿北韓江邊巡視一趟（不能靠岸登陸），又陪我們乘車去參觀明代古長城及「杭美援朝紀念館」紀念館規模宏大，陳列著戰爭過程的圖片史料及戰場使用的武器裝備。那場犧牲百萬人的戰爭，從人類的歷史評斷，都是輸家，沒有贏家。

五月十四日上午八時，從丹東火車站乘軟臥火車去北韓首都平壤，走走停停，沿途所見，山丘平地一片荒涼，房舍破舊。下午五時許抵達平壤車站。北韓國際旅行社兩位男女導遊金江日和李玉珠，在車站迎接我們。他們都是金日成綜合大學中文系畢業，說得一口流利的中國話，服務熱忱，態度親切。李玉珠小姐說，我們停留時間太短，而值得看的地方很多，他們備好一輛中型旅行車，我們人和行李一齊上車，先參觀象徵北韓人民精神堡壘的「主體塔」，及象徵勝利的「凱旋門」，再送我們去「朝鮮飯店」住宿。該飯店高四十五層，建築優美，設備豪華，雙人套房，還有一間小客廳。兩夜三天食宿及旅遊費用全部美金四百四十元。

第二天上午八時，乘旅行社專車前往開城，行程一六〇公里，平直高速公路上，往來車輛極少，兩旁都是平原鄉野，車抵開城，繼續前行八公里，即是板門店非軍事區，崗哨重重，在第一道關卡，有一位北韓軍官為我們作沙盤講解非軍事區的地理形勢及各種設施，由李小姐翻譯。非軍事區在三十八度停戰線南北各四公里。在停戰線兩邊，有南北韓警衛相視而立，不得越過停戰線一步。我們進入韓戰停戰談判及停戰協定簽字處，坐上雙方代表的席位，現場仍保持當年原狀，並有停戰協定原文影本，牆上掛著，雙方每個參戰國國旗，令人不勝唏噓。

離開板門店回到開城，參觀了崇陽書院、學生少年宮、南大門、高麗博物館、成均館等歷史文物及古蹟名勝，雖是走馬看花，仍使我感受到中華文化的流風遺韻。匆匆趕回平壤，乘車巡訪統一大街、人民大學習堂、紀念碑、紀念塔、千里馬銅像，都象徵著強烈的國家民族意識。又參觀了平壤地鐵，觀賞特技院俊男美女的特技表演，所呈現力與美的神韻，前所未見。進入北韓像踏入另一個世界。平壤、開城都是現代化大都市，到下午六時機關、學校、商店都休息，街上人車稀少。那是一個沒有競爭的社會，工作分配制，生活必需品配給制，教育全程免費（全國二千萬人口，有二百餘所大學），保健醫療免費，治安良好，環境整潔，是他們最大的優點。共產主義的極權統治及經濟落後貧窮，是他們國家的致命傷。

北韓三日遊，百聞不如見，不虛此行。我們從國際聯運火車站乘中午十一時五十分火車去瀋陽，第二天凌晨一點鐘抵達瀋陽車站，有五位詩友開了三部車，將我們送到「瀋陽迎賓館」住宿。我們在瀋陽只停留兩天，遼寧省文聯主席牟心海，和《詩潮》詩刊主編劉文玉等多位詩友，備了兩輛轎車，一輛中型旅行車，陪我們去遊覽「怪坡」及「本溪水洞」，參觀張學良舊居陳列館。在怪坡騎腳踏車，上坡會自滑上去，下坡要用力踩，否則車子會倒退，這種反物理現象，科學家們都無法解釋，我曾試騎，堪稱一怪。本溪水洞，是世界上已發現最長的地下暗河，全長三千公尺，平均水深二公尺，最深處七公尺，寬度可並行兩艘遊艇。鐘乳石岩百態千姿，形成八十四景，我們全程往返一趟，珍奇美景，嘆為觀止。張學良舊居陳列館，也就是張作霖的大帥府，陳列著大帥六位夫人的塑像，及大帥和少帥的一些文物，其中有一幅　國父孫中山先生書贈張學良「天下為公」的墨寶，睹物思人，而興感嘆。

我們又應北京市文聯邀請前往觀光遊覽，十八日晚乘瀋陽至北京的軟臥夜快車，那是全國最高級列車，設備好又準時，可惜是夜間行車，無法流覽沿途風光。十九日晨七時抵達北京，文聯安排我們住「北京國際飯店」。文聯的張小姐隨專車陪我們參觀頤和園，又乘遊艇遊湖一周。回到飯店，有幾位詩友來訪，談詩聯誼至深夜。第二天雁翼先生帶領我們從天安門廣場進入紫禁城憑弔故宮，從午門進入，穿過層層宮殿，走出神武門，雁翼先生為我們解說紫禁城的歷史掌故。我們要趕搭下午一點鐘的班機，匆匆結束了北京行。

五月二十日下午四點抵香港，丁平教授和他的學生多人在機場迎接，安排我們住「高雅大酒店」，接著開歡迎會，設宴款待。他們都是秋水詩刊的作者與讀者。他們別出心裁，繪了一幅寬葉蘭，與會者都在蘭葉上簽名，隨即複印分發每人一張留念，有永結金蘭之深意，真情感人。第二天，丁平教授邀請我們到他府上賞玉。他是一位古玉鑑賞家和收藏家，他擁有各年代古玉千餘件，讓我們欣賞，並為我們講解其種類年代及獲得經過，彌足珍貴。他送我們每人兩塊古玉作紀念，使我們分享著他愛玉、惜玉、守身如玉的情懷。

這次十五天的詩之旅，見所未見，聞所未聞，知性的，感性的，滿載而歸，充實了我生命的內涵。

隨秋水詩刊同仁第三次詩之旅

民國八十七年七月二十三日至八月五日，隨秋水詩刊同仁第三次出遊。第一站是外蒙古（蒙古國）的首都烏蘭巴托。外蒙古與西藏是我國兩個自治區，中央政府設有「蒙藏委員會」。外蒙古於一九二二年受蘇聯的引誘宣布獨立，西積一五〇萬平方公里，人口二六〇萬，以畜牧業為經濟命脈的國家，我們應邀前往訪問，從北京直飛烏蘭巴托。這次訪問是由代表外蒙古參加世界詩人大會的森・哈達促成，他受過中文大學教育，享譽外蒙古詩壇，活躍社會各階層。他邀約一些國會議員、政黨領袖、大學長及文藝界人士，開了一個文化交流座談會，他們各就自己的專長，發表自己的意見，由森・哈達翻譯。他們已警覺到，他們遊牧民族的文化傳統已面臨挑戰，他們也知道台灣各方面都很進步，希望多與我們交流，並給與經濟援助。

在六天行程中，我們參觀了烏蘭巴托的歷史博物館、自然生態博物館、規模宏大的喇嘛廟，觀賞「民族歌舞團」的各項精彩表演。在草原上乘車八小時，參觀了鄂爾頓召古蹟，那是十六世紀建造的皇室遺址，從那些斷垣殘壁中，還體會到中華文化的風格。來到「鄂爾渾河」畔的小平原上，蒙古包是唯一的街容市景，我們夜宿蒙古包，與蒙古詩人談詩交誼（森·哈達翻譯）吃烤全羊，晨起舉目四顧是無邊際的青翠大草原，令人依戀留連。我們又去「特洛吉渡假村」，也是聞名全國的觀光景點，風景之美，我將之典藏於心，卻難以筆錄言宣。

外蒙古的天然環境與自然生態，說它是香格里拉或世外桃源，都很貼切。在我的意象中，它是一塊尚未開發的處女地，依地球村現實政治生態評估，將來開發成人間天堂，抑或人間地獄，全靠蒙古人的智慧了。

七月三十日，我們從外蒙古的烏蘭巴托直飛內蒙古的呼和浩特，航程雖僅一小時，情境卻有天壤之別。我們到達呼和浩特機場，有一大群秋水詩刊的作者和讀者在等候迎接，他們是從十幾個省市長途跋涉來蒙古高原，與秋水同仁相聚，為秋水詩刊創刊二十五週年慶生。我們除了開慶祝會和詩學座談會，還安排了很多旅遊訪問。我們往謁昭君墓和成吉思汗陵寢，參觀「五當召」是內蒙古最大的喇嘛廟，訪問東勝市世界最大的「鄂爾多斯羊絨製品廠」，我們購買羊絨製品，都打折優待。參觀「伊克昭盟書畫院」，該院有「留下墨寶」活動，書寫台上備有文房四寶，有幾位詩友要我題字留念，我寫了幾個條幅相贈。我們經過包頭、黃河大橋到響沙灣，攀爬那黃沙峭壁，登上頂端騎駱駝逛沙漠，飽覽沿途多采多姿自然風貌，使我心曠神怡。伊克昭盟文聯主席穆向陽先生主持為秋水詩刊慶生聯歡晚會，在座談時，秋水同仁和詩友們互訴心聲，相期共勉，為這次蒙古高原行，畫下完美的句點。

我隨秋水詩刊同仁第四次詩之旅

我隨秋水詩刊同仁第四次詩之旅，是於民國九十年七月二十四至八月六日，應雲南省昆明市文聯和大理白族自治州文聯及政協邀請，前往參觀訪問十四天，回程又在香港、澳門逗留兩天，與當地詩友交誼聯歡，是一次愉快的詩之旅，也是一趟成功的文化交流。所見的名山秀水與大自然奇觀，及所感受到精神文明與人情溫馨，可寫成一部「香格里拉」遊記，無奈力不從心，僅記其概要於後。

這次參加雲南詩之旅的秋水同仁八人，詩友三十餘人，有來自紐西蘭、外蒙古、內蒙古、哈爾濱、北京、南京、江蘇、安徽、福建、香港等地，也有雲南省內幾位詩友，我們相約在昆明、大理定點集合。七月二十四日，我們從桃園中正機場乘國泰航空班機飛香港，轉搭東南航空班機直飛昆明。昆明市文聯張維新主席偕同十餘位文藝界人士，在「怡心園」宴請我們，雖是初次見面，有多位已是知交好友，席間談詩交誼倍感溫馨。安排我們住宿「滇池溫泉花園酒店」，傍晚我們同仁相偕在滇池岸邊遊覽，有一排幾人合抱的桉樹，枝葉茂盛，立碑銘文：「天下奇觀」，我們都嘖嘖稱奇。

文聯派專車由郝鐵紅主任陪同我們，遊覽觀光景點名勝。我們參觀了民族村。雲南省內有二十六個民族，民俗村展示其中十三個民族的民俗文化，只能以多彩多姿概括形容。他們熱情地招待我們品茶，邀請我們共舞。遊覽西山森林公園，憑弔了南洋華僑機工抗日紀念碑等古蹟名勝。探訪石林國家重點風景名勝區，有數不清的奇形怪狀，大大小小石柱從地面冒出，一望無際，被譽為「天下奇景」。又參觀「世博園」，是為舉世矚目的中國「九九世界園藝博覽會」而建，我們只流覽了「七彩雲南」的書畫蝴蝶館、翡翠珠寶商城等五個陳列館。

昆明市文聯專車送我們去大理州政府所在地下關，路程三百七十七公里，是國道滇越、滇緬公路交匯處。兩傍是廣闊的平原，綠油油的稻田和玉米田，間有小丘陵地段，也種植了各種農作物，這塊紅土高原被稱為雲南的糧倉。平原上點綴著小村落，有農民往來其間，洽似陶淵明筆下的桃花源。抵達大理，住進「息龍賓館」，政協大理白族自治州楊信全主席設晚宴接待我們。第二天陪同我們經麗江前往瀘沽湖女兒國，車行八小時。從大理到麗江是高級路面雙線道；從麗江到瀘沽湖，是轉折起伏於高山低谷間。瀘沽湖畔是摩梭族人聚居的母系社會，由女人當家作主，世人稱為女兒國。我們住在「女兒園賓館」，是四合院的三層樓原木建造。是一個小家族所經營，招待食宿賓至如歸，幾個青年男女說流利的普通話，能歌善舞，與我們同樂。我們在那裡遊覽了兩天兩夜，採風問俗，他們的社會沒有婚姻糾紛，沒有家庭暴力，令人羨慕。

離開女兒國回到大理，參觀大理白族自治州博物館，館藏豐富，陳列著新石器時代以來，漢族與白族的歷史文物，唐代漢族文化與南詔大理國文化，已有相互交融的遺蹟。晚上白族民俗歌舞劇團表演技藝招待我們。男女演員都是高水準，其中有國家定位的一、二級演員，唱作俱佳，舞姿優美，所演的劇情都是宏揚倫理道德及勸善規過，深俱教育意義，值得我們深思效法。

我們乘大理茶花國際旅行社遊輪暢遊洱海，藍天碧海風光明媚。船倉區隔成很多小間，備有卡拉ok供遊客消遣。還有個數百座位歌舞劇場，表演「三道茶」歌舞及短劇，都是經典之作，啓發良知良能，沒有搞笑的淫詞醜態。

我們又參觀了「蝴蝶館」，陳列著種類繁多的蝴蝶標本，製作精巧，栩栩如生，前所未見。然後乘車至蒼山腳下，乘索道雙人座椅上蒼山，山勢險峻，索道全長一千七百公尺，在索道座椅上居高臨下，舉目四顧，明山秀水的美景一覽無遺。步下索道，觀賞流泉瀑布，往謁佛寺廟宇，使人有出塵脫俗之感。

中午在「中和寺」傍小吃店用餐，山產野菜別有風味。還有一個小插曲值得回味：詩友余言和我去上公廁，一位小女孩站在門邊說：收費五角。余言給她一張二元人民幣說：不用找了。她堅持要找：這是規定！我看她那小模樣又敬又愛，問她：妳今年幾歲？讀幾年級？她口齒伶俐的說：七歲半，讀二年級。只有在民風純樸的環境中，才能教育出這樣優秀的國家未來主人翁，她將是一個標準的二十一世紀中國人。

我們瞻仰崇聖寺三塔，三塔矗立於崇聖寺山門前，主塔名千尋塔，高69點13米，為十六級方形密檐式空心磚塔，建於公元八二四—八五九年間；南北小塔均高42點19米，為十級八角形空心磚塔，建於大理國時期（公元十二世紀）。三塔傍有一清水池，可看到三塔並立水中的壯麗奇景。

大理政協楊主席，請我們去洋人街聽白族洞經音樂（是專為我們演奏的），這個管弦樂隊的成員，都是六十歲以上的老人，年齡最長者八十五歲，二胡獨奏神韻飄逸；有幾支管弦合奏曲，由兩位妙齡女歌手伴唱，韻律優美，令人神往。

參觀麗江新華村，走訪麗江古城。麗江曾於一九九六年發生強烈地震，全城幾乎全毀。新建的樓房已發展成觀光景點，商業以經營銀器、玉器、雕塑、染織、茶葉及民俗飾物，工藝精巧，市景繁榮，有不少外國遊客。當晚住麗江縣植物研究所專家接待樓，設備雅潔，招待親切，真情美意，銘感在心。

我們這次雲南詩之旅，在昆明、大理兩地共參加了兩次詩學研討會，為我們舉辦四次歡迎、惜別宴會，我們參觀、訪問、出遊，都是他們精心安排，派車跟隨，昆明文聯的郝鐵紅主任，大理政協的楊信全主席和王梅玲主任，全程陪同導覽導遊，沿途照顧得無微不至。是我生命歷程中又一次豐收。

回程在香港停留一天，詩友舒慧全家和陳琪豐詩友接待我們秋水詩刊同仁，暢敘詩情，相偕逛街，香港回歸後繁榮如昔。應澳門大學姚京明教授（筆名姚風）邀請，去澳門參觀古蹟名勝。姚教授親自開車到渡船碼頭迎接我們，帶我們參觀澳門博物館及澳門藝術博物館，為我們講述澳門近代歷史文物。澳門雖被葡萄牙租借管轄百餘年，街上商店招牌及書刊文物，全用中文正體字，使我倍感親切。

宿金成酒店，姚京明教授、澳門教科文中心馮傾城小姐、澳門五月詩會莊文永理事長、詩人溫志峰先生，一同宴請我們，席間暢敘詩情，吟唱詩歌，為秋水詩刊同仁詩之旅，畫下完美的句點。

訪名山秀水謁古今聖賢

我和三月詩會同仁麥穗、張朗三人，報名參加中央日報與晟源旅行社合辦的「遊山東半島訪孔孟家鄉」八日遊。同行的共十九人，有七對夫妻當，都是軍、公、教職退休人員，年齡最輕的六十四歲，最長的八十六歲，是個老人旅行團。民國九十一年五月二十七日，由桃園中正機場飛香港轉機直飛青島，下機後住進「麗晶酒店」，將行李放好，隨導遊按規畫好的景點，去參觀五四廣場、八大關。五四廣場在新市區對面，有精美雕塑、噴泉、歌舞藝術表演場地，有不少青少年在舞台上獻藝，台下擠滿觀眾，在彩色燈光襯托下各顯神韻。周邊市景繁華，在海邊遠眺海上船影、燈光、星光，海天一色的朦朧美，使五四廣場更是多采多姿。八大關街道以長城八個不同關口命名，每條街道種植不同樹木花草，各有特色，使人悅目怡情。青島是個經整體規畫建設的新興都市，正在蓬勃發展中。傳統文化的名勝古蹟，亦呈現新的風貌。

第二天去淄博，參觀姜太公祠、齊國歷史博物館、殉馬坑。憑弔這三處古蹟，使我重溫一遍商、周、春秋和戰國的歷史。姜太公先人封地「呂」為姓，故又名「呂尚」，字「子牙」，受「西伯姬昌」立為師，推行仁政，而「商紂」無道，諸侯皆歸附西伯。姜太公後輔佐周武王伐紂而得天下，追尊西伯為周文王。周朝之興起，展現姜太公的政治智慧。周道衰五霸分割天下，齊桓公稱霸中原。戰國七雄齊國仍是強中之強者，後為大夫「田和」所篡，為秦所滅。在殉馬坑目睹那六百餘匹，昂首側臥坑中的駿馬，為之悲嘆。

第三天登泰山，乘纜車至南天門，遊覽沿線各景點。泰山古名「東嶽」，孔子「登泰山而小天下」的名言，使文人雅士以登泰山為榮為樂。環山碑刻讚歎泰山的神奇雄偉，聯合國已列為世界遺產之一。登臨泰山已償我宿願。

第四天去曲阜，謁岱廟、孔廟、孔府、孔林。岱廟的天貺殿為中國三大宮殿建築群，有歷代七十二位帝王來此封禪。孔廟是祭祀孔子的廟宇，仿皇宮制，建於明、清兩代；孔府是孔子嫡系後裔的府邸；孔林是孔子及其後裔的墓地：所有建築均極宏偉、莊嚴、富麗。孔子曾任春秋時代魯國中都宰及司寇等官職，難伸其大志，周遊列國十四年宣揚教化，不為各國君王所重用。回國刪詩、書，訂禮、樂，贊周易，作春秋，從事傳道、授業、解惑，有教無類，後世尊為「至聖先師」。

第五天去鄒縣、濟南謁孟廟、孟府，遊大明湖、趵突泉等觀光景點。孟廟、孟府雖不及孔廟、孔府的宏偉，其莊嚴肅穆如一。孟子繼承孔子的道德仁義思想學說，進而加以闡釋，強調人性本善，提出王道、仁政、民貴、君輕的民主政治的新思維。其弟子萬章、公子丑，將他的思想言論，輯成孟子七篇。在春秋、戰國時代，諸子百家，三教九流，爭鳴不休，多有偏頗，經不起時間考驗而沉寂；唯有孔孟的思想學說，從容中道，成為中華文化的主流，也是人類共生共榮的康莊大道。今日的人類世界，天災人禍惡性循環，已面臨生存危機，只有孔孟仁民愛物，民胞物與的思想作為，才能消災解禍。

第六天去濰坊，參觀楊家埠風箏製作廠及門市部，技藝精巧，形形色色多彩多姿，狀物幾可亂真。再看木板年畫製作，每件作品都呈現生活樂趣，寓教於樂，難能可貴。又去參觀十笏園，園內有曾任濰坊縣令鄭板橋題詞石刻真跡。樓台亭閣，小橋流水，假山綠樹相映成趣，使人留連遐思。

第七天回青島登嶗山，是中國海上第一名山，有東方阿爾卑斯山之稱。據說秦始皇和漢武帝都曾來此求仙；全真教主邱處機與武當祖師張三豐曾在此修道。嶗山遠看像一座鋪上雪花的平直山岡，其實是一座白色岩石形成的石山，石縫中長出一些樹木雜草。嶗山立在海岸線上，我們乘一輛中型巴士，沿海濱而行，車在半山腰小路行駛，仰頭看高山，低頭看大海，石老人、青蛙石，維妙維肖，佇立海上。遊覽車絡繹於途，也有人相偕循小徑攀岩，尋幽覽勝。因時間有限，我們只能適可而止。

第八天還有半日遊，下午直飛香港回台灣。我已請旅行社為我買好飛南京的機票，未參加最後半日遊，與相處七日的遊伴們握別。我們這個老人旅行團的成員，經幾天相互交談，才知道多位是退輔會所屬單位任職的同事，又有多位是我朋友的朋友，談些陳年往事，倍感親切。最有趣的是幾對老夫妻，雙雙對對相互扶持，還打情罵俏，相互逗趣，也給我們逗樂了。

我這次脫隊單獨東南遊，有幾個原因：「一、要去南京拜謁中山陵，以償宿願；二、嚮往西湖美景六十餘年，想親臨尋幽訪勝；三、相識十年的前黃山市政府秘書程自振先生，多次邀請我遊黃山，我應前往一遊，以答謝雅意；四、探訪兩位臥病的好友。六月三日下午四點多鐘飛抵南京機場，程自振先生在機場接我。我們雖僅在合肥機場一面之緣，經十年書信往還已成知己，見面倍感親切。他帶我在機場內「江蘇航空旅行社」櫃台，接待員張英小姐給我一張名片，上面印著服務項目，其中「南京風光一日遊」及「代辦全國飛機、火車、輪船票」這兩項，正是我要請她幫忙的。晟源旅行社在青島為我買了經香港回台灣的連運機票，因行程尚難確定，我就將連運機票交張小姐保管，俟到香港的行程確定，由她連絡安排。張小姐服務週到親切，為我們找好廉價又舒適的招待所親自送去，還陪我們聊天，原來她是我的小同鄉。也為我安排好南京一日遊，主要景點就是中山陵。我這次東南遊的行程，都是程先生為我安排，並一路陪同伴遊。

南京一日遊，我參觀其他景點，都是隨導遊領隊的旗幟掃描而過，而登中山陵我是以朝聖的心情，注視周邊景觀，一步一步所見莊嚴肅穆，謁陵群眾摩肩接踵，趨立靈前行最敬禮。當我瞻仰　國父躺臥的慈祥遺容，不禁鼻酸淚下（我曾看到新聞報導，國父遺體已被移走；又有人辯稱，國父遺體葬在五公尺以下墓穴，覆蓋著堅固掩體保護，想移靈者難以得逞）。我聽到如此這般的傳言，難以釋懷，而對這位今聖，益增懷念！從絡繹不絕謁陵者的虔敬表情可知，　國父仍活在中華兒女心中。

上海一日遊，參觀了人民廣場、東方明珠、浦東等觀光景點，滿目欣欣向榮，各種資訊宣傳商機無限，上海是當今最俱吸引力的投資市場；流行風、時髦熱隨之起舞人潮中；也興起了一類高消費的「新貧族」。一日遊結束，陳先生是位高級經濟師，生活儉樸，他帶我住進一家小旅館，到隔壁小館子用餐，二人三菜一湯，兩碗米飯，一瓶啤酒，才十九元人民幣。我聽那位年輕女招待員說話是我家鄉口音，與她交談，他說，他從家鄉來不久，與餐館老闆是表親，供她吃、住每月工資三百元，比在家鄉打零工好。十年來，我回安徽岳西老家探親四次，所見人民生活改善不多。城鄉貧富差距越來越大，貪污腐化日趨嚴重，犯罪率隨之上升，是新中國的難題，也是隱憂！

程先生陪我去上海民星路民星二村海軍總醫院，探望一位住院的青年朋友章安君。他是浙江開化市青少年宮美術室的書畫家也是詩人。是位有理想抱負的文藝工作者，頗著聲譽。他的詩、書、畫作，曾參與《葡萄園》詩刊主編台客的雅石、奇石及《石與詩對話》詩石並陳的集子，在國立中央圖書館台灣分館聯展，獲得好評。他先後送我兩幅水墨畫，希望我能去開化觀光遊覽，卻緣慳一面，想不到這次來醫院看望他。

多年前，他患腎衰竭在這家醫院換腎，手術後一切情況良好，近來忽生病變住進醫院，經採用一種從日本進口的新藥治療，病情得以控制並在康復中。但需長期用藥，龐大的醫藥費，使他心力交瘁。所幸獲親友及文藝團體的支援，也有多位台灣詩友略盡棉薄，使壓力得以舒緩。日前接獲他的來信說，目前身體狀況良好，他經營的「美術書法培訓中心」擴大招生報名踴躍，並獲得文藝界的大力支持，我非常欣慰！並隨即復信說：這一切都是你憑智慧、堅強意志及毅力奮鬥得來。還叮囑他不能太勞累，要時時注意健康。

我讀小學五年級，吳老師教我們讀一首描寫西湖風光的詩，講解時繪形繪影，使我聽得入神而心嚮往。今身臨其境，情景似曾相識，而想起了這首詩：蘇堤橫亙白堤縱／橫一長虹縱一長虹／跨虹畔月朦朧／橋樣如弓月樣如弓／青山雙影落橋東／南有高峰北有高峰　在厚敦敦的軟玻璃裡／倒映著一片晴空／一疊疊的浮雲／一隻隻的飛鳥／一彎彎的遠山／都在晴空倒影中　我卻忘了這首詩的詩題及作者。我是個老年健忘者，還記得童年讀的這首詩，我自己都感到不可思議。

遊千島湖是程先生的意思，他也沒去過千島湖，於是我們相偕一遊。多年前，千島湖發生一次大慘案，震驚海峽兩岸，千島湖因此名聞遐爾。慘案的前因後果傳說紛紜，爭議難評，莫衷一是，不了了之。據說，是台灣賭客結夥前往尋樂，被黑道份子預謀殺人劫財，是耶？非耶？亦隨風而逝。

我們乘的那艘遊船，載客百餘人，上下兩層坐得滿滿的。緩行水上遊湖一周，明山秀水，小島星羅棋布，還有巡邏警艇，像遊龍般快速穿梭其間，那些動靜情景使人悦目怡情。上船時，有人散發一張彩色精美的小廣告「梅峰觀島」：因有五座相連的山丘形似梅花而得名……位於千島湖中心……不上梅峰觀群島，不識千島真面目……登上觀景台，可縱覽三百餘座島嶼。廣告上還有兩張乘索道雙人坐椅登梅峰賞景的照片。可惜，我們一日遊只能擦身而過，望之興嘆。

去義烏探望老友丁貴卿，他是我五十年前，住陸軍第一肺病療養院的同室病友。我們在一起消磨了三年多的青春歲月，在收音機前聽空中教學，去閱覽室看書報雜誌。他是個虔誠的基督徒，常帶我去聚會所聽牧師傳道。他曾一再勸我信基督教，但我自幼讀過蘊含儒家哲學思想及西方民主精神的國父遺教，對人生有另一種詮釋，不為所動，但不影響我們的友誼。病癒出院後各奔前程，有很長一段時間沒有聯絡。他那忠厚友善的為人處世之道，長懷我心。他長我兩歲，退休後不期而遇，兩家相距不遠，時相往來。近幾年，他兒子在上海經商，有親戚住浙江義烏，他也在義烏新市區買了房子，他們夫妻在海峽兩岸飛來飛去，一再邀我去義烏作客，我這次有機會來到江浙，一定要去看他。

程先生與我同行，他曾去義烏考察市場經濟。他說，義烏是全國小商品集散市場，已趨向國際化，新市場、新社區正在蓬勃發展。我拿著老丁的住址，很快就找到了他的家。一進門就使我們驚喜，他的房子設計裝潢得如此精緻典雅，家具器皿都很講究，他說這都是他自已設計的。幾十年的老友，竟不知他是位能與時俱進的唯美主義者。他去年腦部手術，現尚感頭暈，重心不穩，不能遠行。夫人忙著接待我們，又陪我們去逛商品市場，真是琳瑯滿目，使我大開眼界。嫂夫人為我們烹調了可口的晚餐，飯後品茗談心至深夜，翌日依依惜別，我祝福老友早日康復，享受他完美的幸福人生。

這次江浙行的最後一程是遊黃山。程先生就住在黃山市屯溪昱西新村，他要我先住他家休息幾天，再商量遊覽黃山的日程，並提供我黃山導遊圖及一日遊至五日遊的景點、景觀，圖文並茂的摺頁參考。從遊山東半島訪孔孟家鄉一路走來，二十天行程都安排得很緊湊，我已感到疲累。歲月不饒人，為安全計，我選擇了「黃山一日遊」。

黃山一日遊又名「湯口一日遊」。湯口是黃山的南大門，遊客必經之處。一日遊的風景帶上，有三個主要景點：九龍瀑、翡翠谷、猴源。九龍瀑與翡翠谷，其間山水相映，雄奇瀲艷，無與倫比，也不是詩文書畫所能形容表達。我身臨其境，突發奇想：如果我能終老於此，埋骨其中，如願足矣。這樣黃山巒的狂想，使我不敢在黃山久留，就讓這驚喜的一瞥，留下美好的回憶。

程先生是位高級經濟師，曾任黃山市政府秘書，活躍政商界的名流。退休後遭家庭變故，兒子病逝，媳婦改嫁，留下出生不久的孫子，由他們倆老撫養，已讀小學二年級，聰明可愛，祖孫三人相依為命。程先生這次丟下寶貝孫子，陪我旅遊，每晚住進飯店，就掛電話回家和小孫子講話，問東問西關懷備至，我的友情阻隔了他們的親情，自感過意不去。我在他們家住兩夜，分享了他們家庭的溫馨。

程先生帶我去參觀屯溪老街的徽州文房四寶精品市場，宣紙、筆、墨、硯形美質精，典藏品及實用品並陳，目不暇接，遊客熙來攘往，還有外籍人士。隨著觀光業發展，市場在趨向國際化。

回台灣的行程確定，飛機聯運票張英小姐已為我辦好，我一人去南京登機就可以了，但程先生堅持要陪我去，送我上了飛機他才放心。他的真情厚誼，為我這次江南遊的付出，使我感念不忘，也永遠為他們祝福！

我的第二本詩集《心聲集》自序

我的第一本詩集「心影集」，於民國八十年十二月出版，獲得詩壇前輩、長官、詩友和讀者的鼓勵，使我有勇氣再出這本小冊子。這本定名為「心聲集」的詩集，是由傳統詩二十六首，現代短詩二十三首，長詩三首組合而成。並附錄短文六篇，以助讀者了解我對詩的理念與對詩人的期盼。

我所寫的傳統詩，未嚴守傳統詩的格律，我所寫的現代詩，也多不合現代詩意象化與朦朧感的時尚。但我認為，無論是傳統詩或現代詩，都是為表情達意。作者為表達他的思想與情感才寫詩，如果為嚴守格律，只顧塑造意象，裝飾朦朧美，以致詞不達意，或因詞害義，使讀者無法體會作者的心聲，引不起讀者的共鳴，那就失去作者寫詩的本意（那些為寫詩而寫詩，或為想做名詩人而寫詩的人又另當別論）。

胡適之先生曾說：「文學的基本作用（職務）還是『表情達意』，故第一個條件是要把情或意，明白清楚的表出達出使人懂得，使人容易懂得，使人決不會誤解。」「文學貴乎有『情感』、『思想』……近世文人沾沾於聲調字句之間，既無高遠的思想，又無真摯的情感，文學之衰微，此其大因矣。」「做寄託詩的往往用許多……典故套語……只有個中人懂得，局外人便不能懂得。局外人若要懂得，還須請個人詳加註釋。」很多年來，我每天閱讀五份全國性大報，花在副刊上的時間最多，對新詩的得獎作品每篇必讀。也許因我的悟性太差，須詳讀評審委員的評語，才得一知半解。有時看到評審委員們，對同一篇作品的認知與評價有極大的差異，這是不是意味著連評審委員也看不懂呢？評審委員們都是詩壇有名望的詩人，尚且如此，一般讀者就更難了解作者所表達的情意了。那只有留待作者自己或崇拜詩人的讀者們欣賞陶醉了。

胡先生又將詩詞表達的意境，分析歸類為「言近而旨遠」與「言遠而旨近」。並解釋說：「我想『言近而旨遠』是說：從文表面看來，寫的是一件人人可懂的平常實事，而進一步，卻還可尋出一個寄託的深意」；「怎樣叫做『言遠而旨近』呢？本是極淺近的意思，用了許多不求人解的僻典。若不知他寄託的意思，便成全無意識七湊八湊的怪文字，這種詩不能獨立存在……。」胡先生的見解，我有同感（但我不是胡適迷，我對他反傳統、祖宗罪孽深重、全盤西化等論調，不敢苟同）。

我的這些作品，都是蘊積在我心中想說的話，希望說出來別人聽得懂，形諸文字讀者能看得懂，所以用自認為最簡潔明確的詞句；為節省篇幅及不浪費讀者的時間，故以傳統詩及現代詩的形式來表達。我的目的不是為寫詩，而是要表達我的思想與情感。在寫作時，我只求如何真實的表達我的心聲，不刻意求其合於格律，及營造意象化與朦朧美，以免因字詞而害義。我不敢說，我的作品「言近而旨遠」，但我的作品不是「言遠而旨近」那一類型。我無意批評「言遠而旨近」的詩不好，只是我覺得那種詩，可當純欣賞，較適合於「高」層社會人士閱讀。「言近而旨遠」的詩，較易發揮思想與情感的傳播功能，可隨讀者的感悟能力，體認到不同層次的意境。杜甫的詩多屬「言近而旨遠」，使人一看便懂而耐人尋味，如「佳人」、「天末懷李白」、「春望」。李義山「言遠而旨近」詩不少，「錦瑟」即為一例。千古以來，解析這首詩的人很多，各有說詞，但其寓意何在?恐怕只有李義山本人才能說出正確答案。不過只要知道詩中的那些典故，及作者平生的一些遭遇，就有想像的空間。尤其最後那兩句：「此情可待成追憶，只是當時已惘然」，使人油然而生悽美之感。

談到文學，談到詩，就使人聯想到有「傳統」與「現代」之分。文學是人類在生存發展中衍生出來的，是人類對現實情景與理想境界反映的情愫。人類的生存發展是漸進的，是延續的，文學即是智慧與經驗累積的體現，而且要繼續不斷的探索前進，從我們的始祖至我們子孫後代。以這樣開闊的視野，這樣曠達的心胸談文學，談詩，所謂「傳統」、「現代」，只是一個個里程碑，不是一條條不能跨越，不可交流的鴻溝；也無對與錯的問題存在。傳統詩與現代詩，不必相互排斥，而要相互啓發，以新的面貌，樹立新的里程碑。像傳統醫學與現代醫學，經過幾十年的相互排斥，現已峰迴路轉，互取所長，補其所短，對人類的疾病診療及優生保健，已拓展新的境界。我們的傳統詩人與現代詩人，何必死守「疆界」！何不相互交流、調和，開創一個活潑有生氣的新領域！

所謂「傳統」與「現代」，是從時間的觀點而言。從空間觀點而言，有人提倡「文學無國界」，有人主張現代詩要「橫的移植」，不要「縱的繼承」。大同社會，是我們中國政治哲學的最高理想，也是人類共同追求的目標。那個遙遠的目標，必須一步步向前邁進，在未到達目標之前，國界仍是一國人民的安全屏障。文學發生於人情與國情，相互交流而相互影響，能產生出新的文學，是自然的趨向，也是必然的結果。倘若基於崇洋心理，捨己從人，那就是一種病態。當年高唱「全盤西化」、「橫的移植」的人，如果他有良心，看到今天西方國家所面臨的困窘，西方人民對現實的不滿，對未來的徬徨，可知西化並不能解決我們的問題，而且會帶來一些新的問題。他們對當年的誤導所產生的不良後果，應感到愧咎。我們的文學家們，怎能不慎思明辨，謹言慎行。

文學被稱為「精神食糧」，這裡所謂的文學是廣義的文學，應包含各種出版品及表演藝術。即被稱為「精神食糧」，自然與「精神健康」息息相關。現在世人的精神健康狀況如何？我們每天從各種傳播媒體獲得的訊息：色情、暴力、貪慾、狂妄、憂鬱、迷信、毒癮、恐懼、說慌等病症，都在世界各地大流行。世人的精神健康，已到了百病叢生，沉疴難起的地步。這是不是我們的精神食糧出了問題？在「為文學而文學」、「為藝術而藝術」、「大眾有知的權利」的漂亮包裝裡，我們的精神食糧，確實含有許多致病毒素。文學、藝術包裝了色情、暴力、貪慾、狂妄、迷信；新聞傳播了犯罪心理及殘暴行為模式，有誨淫誨盜，有樣學樣的「示範」作用，使世界各地的犯罪率快速上升，而且與生活水準成正比，犯罪的年齡也在日漸下降，人類的前途，實堪憂慮。

我曾在一家大報的副刊，看到一篇得文學大獎的敘事長詩，作者塑造一些鮮活的意象，以尖酸刻薄的詞句，反映對現實的不滿，以無中生有及以偏概全，來醜化現實，極其誇張而具煽惑性。憑其舞文弄墨的技巧，得大獎當之無愧。評審委員獎評，也認為其內容描述與現實不符，而憑表現的技巧予以重獎。不知評審委員們是否考慮到設立文學獎的意義與目的所在；這樣評選得獎作品，是否符合社會公義與道德良心？因此而形成文壇的歪風，將影響深遠，要我們的子孫食其惡果。文學追求的是真善美，詩講求溫柔敦厚，那首長詩不真、不善、不美，也談不上溫柔敦厚，怎稱得上是精緻的文學作品？文學的可貴，在於能予人心靈的啓發與慰藉，引導人們擴展心靈的領域，體認生命的意義及提昇生活的品質。現代的文學與藝術已在趨向低俗化、虛幻與詭異，這樣的「精神食糧」，如何能維護及增進世人的「精神健康」？

文學、哲學與藝術，常相互啓發，互為表裡，所謂「詩中有畫，畫中有詩」、「詩含哲理」、「詩有禪意」。文學家、哲學家和藝術家，似乎都有一種浪漫情懷。他們由浪漫情懷所表現的行為，為浪漫情懷所付出的代價，往往使人憐惜，又令人憎惡。像徐志摩，放棄世人眼中認為很美好的，去追求他的「單純信仰」——愛、自由、美，那些美麗的憧憬，一無所獲。他似有悔悟的說：「一個曾經有單純信仰流入懷疑的頹廢。」最後賠上他三十五年的生命歲月。

娜拉受易卜生的個人主義的影響，拋棄丈夫和子女，離開了家庭，要去「努力做一人」。不知她要努力做個什麼樣的人？最後又成了怎樣一個人？讓親人傷心，使自己孤獨而已。梵谷酗酒、嫖妓，將自己的耳朵割下一個送給妓女，怪異瘋癲，為社會所不容，窮途潦倒自戕以終。死後他的作品被畫商炒作，一些「藝術評論家」跟著搖旗吶喊而創天價。有個梵谷迷說：「這個世界不配擁有他」。是這個世界不配擁有他，還是他不配擁有這個世界？梵谷除為畫商賺進大把鈔票，他的人和他的畫，對世人來說不知有何意義？他是位天才，卻辜負了上帝的恩典。

李叔同，前半生監情，後半生絕情，他留下的那件有二百二十六個破洞的衲衣，和一千八百餘顆舍利，是補償不了當時親人對他的哀怨，及他對世俗的傷害。在我這個俗人的眼裡，以上那些超凡脱俗的高人，他們的立身行事及人生結局，對他們個人來説，是一幕幕悲劇，對國家社會來説，是重大的損失。他們無視於別人的存在，而又以別人的痛苦換取自己的需求與滿足，不思有所回饋。人人都像他們，這個世界將成為什麼樣子？我深深為他們浪擲才華而惋惜。

宇宙萬象，從無到有，有歸於無。這個簡單的定律，誰也無法推翻，誰也無法超脫，也沒有是非對錯，一切現象，本於自然，曇花一現，又回歸自然，沒有什麼好爭辯的。問題出在，從無到有之後，及從有到無之前這段過程，惟有我們人類，有思想、有情感、有慾望、有創造能力、有理想。每個人都想快快樂樂的過一生，不願悽悽慘慘的活一輩子，於是產生了人際紛歧錯雜的利害關係。以人類的智慧與能力，互助合作，妥善運用及開發地球蘊藏的資源及利用自然生長的產物，足以使全人類都生活得很快樂。但事實不然，人類長久以來，把智慧與能力用在「佔便宜」的計謀與策略上，將有用的物資消耗在戰爭上，而且隨著文明進步愈演愈烈。放眼天下，於今烽煙四起，哀鴻遍野，億萬人在飢餓線上掙扎，在相互鬥爭相互殺戮的緊張及恐懼中偷生。如何使世上的人，都能快快樂樂的過日子，不致悽悽慘慘的受罪，應該是文學家、哲學家、藝術家和政治家們研究的課題，選擇的方向和努力的目標。我相信全世界的人，都在如此祈求與盼望。

時常有人說：只談文學，不談政治。說這種話的人，不是為表示自己的「清高」，就是不懂「政治」。文學真能獨立於政治之外嗎？政治學家們，為政治下了許多不同的定義，我認同國父孫中山先生對政治一詞的詮釋：「政是眾人之事，治是管理，管理眾人之事，便是政治。」言簡意賅，人人能懂。現在政府已將「管理」一詞，在很多地方改為「服務」，更顯得人民與政府之間的關係密切。更明白的說，政府和民意代表為民眾服務，及民眾應享的權利與應盡的義務（政權與治權相互制衡）就是政治。有人說：政治是最骯髒的。其實政治是最純潔而高尚的；但最容易受污染或被扭曲而變質變形。一般人似乎只看到它被污染的蓬頭垢面，未見其清純的真面目。文學家們應清除它的面垢，透視它的心靈，導正世人積非成是的錯誤觀念及鄙視心理。

人類愈文明，相互依存的關係愈密切，愈脫離不了政治。現在，世界各國都在推行民主政治，就是要人民做國家的主人，要人民過問政治。做一個文明的現代人，從搖籃到墳墓，都享受到政治權利，到有行為能力時，就要盡政治義務，誰能不談政治，不管政治？文學家們更要多盡一份政治評判的責任。將評判的結果，形諸文學，公諸社會，以引導國民同胞，選擇正確的政治方向，追求共同的理想目標。

民國成立以來，我們的文學家們，未能善盡這方面的責任，而自命清高，唱高調、說風涼話，以頹廢墮落為風流倜儻自傲；或譁眾取寵、沽名釣譽，甚至憑自己的激情與好惡，不顧公理與正義，歪曲事實、顛倒是非、製造謠言、誤導群眾而自豪；致使社會風氣敗壞、倫理道德淪喪，政局紛亂，戰禍連年，阻礙了國家建設，內憂招致外患，國家幾至滅亡。那班人後來都自食惡果，禍延子孫。那些慘痛的教訓，值得我們警惕與反省。

政府遷台後，在兩位蔣總統的卓越領導下，志士仁人的犧牲奉獻，及全民的努力，經過四十多年的生聚教訓，在艱難困苦中，開創了一個小康的局面；但距 國父孫中山先生的建國理想目標尚遠。而近年來，富裕的生活，腐蝕著社會人心，政治受到金錢與暴力污染，又被紛歧錯雜思想一波波的衝擊，處處呈現一片亂象，未來政治穩定與走向，令人擔憂。如果中共以國父思想取代「四個堅持」，很快就會超越台灣。果真能以國父思想統一了中國，無論是台灣或大陸，我都樂意做一個順民。我想，那將是一個有尊嚴而快樂的順民。

我們的世界，從科技的角度看，確實非常進步文明；但從人性與倫理道德的角度看，人類是在墮落沉淪。不知有沒有西方極樂世界？有沒有天堂與地獄？有沒有永生與轉世輪迴？我只在意我們和我們子孫的現實世界。我雖不是教徒，當我聽到證嚴法師現佛身普渡眾生的福報，和史懷哲醫師奉上帝旨意救世人的福音，我真希望有位慈悲的佛菩薩，有位全能的上帝，高高在上，隨時隨地眷顧、庇佑芸芸眾生，使人類子子孫孫生活在一個和平安樂的大同世界。我的眼前經常浮現著千百神明，但常住我心中的神明是孔子和孫中山先生，他們引領著我在人生的道路上前進。

我九歲開始放牛，在飢寒中成長，做過農人、工人、商人、軍人，走過漫長又坎坷的生命歷程，看過很多悽慘的人間悲劇，我珍惜現在擁有的一切，希望為我享受到的服務，在有生之年回饋一分心力。歲月無情，至於何時將我帶入從有到無的時光隧道，我不煩憂，也無遺憾。

中華民國八十一年十二月於台北

汪洋萍著作一覽表

書名	類別	出版社	出版年月
心影集	詩集	文史哲出版社	一九九一年十二月
心聲集	詩集	文史哲出版社	一九九三年四月
萬里江山故園情	文集	絲路出版社	一九九五年十一月
生命履痕	文集	絲路出版社	一九九七年元月
袒露心靈	詩文合集	文史哲出版社	一九九七年十二月
心橋足音	詩集	文史哲出版社	二〇〇一年七月
鄉居散記	文集	文史哲出版社	二〇〇一年七月
友情交響	文集	文史哲出版社	二〇〇一年七月
遊目騁懷	詩文合集	文史哲出版社	二〇〇二年五月
浮生掠影（我眼中的世界）	詩文合集	文史哲出版社	二〇〇三年五月

國家圖書館出版品預行編目資料

浮生掠影：我眼中的世界 / 汪洋萍著. -- 初版. --
臺北市 :文史哲,民 92
面; 公分. -- (文學叢刊 ;155)
ISBN 957-549-510-1 (平裝)

848.6 92010654

文學叢刊 ⑮⑤

浮生掠影

—我眼中的世界

著 者：汪 洋 萍
出 版 者：文 史 哲 出 版 社
http://www.lapen.com.tw
登記證字號：行政院新聞局版臺業字五三三七號
發 行 人：彭 正 雄
發 行 所：文 史 哲 出 版 社
印 刷 者：文 史 哲 出 版 社
臺北市羅斯福路一段七十二巷四號
郵政劃撥帳號：一六一八〇一七五
電話 886-2-23511028・傳真 886-2-23965656

實價新臺幣三四〇元

中 華 民 國 九 十 二 年 (2003) 六 月 初 版

ISBN 957-549-510-1